伟 大 的 思 想
GREAT IDEAS

11

忏悔录
A CONFESSION

〔俄〕列夫·托尔斯泰　著
王志耕　译

商务印书馆
The Commercial Press

A CONFESSION
by Leo Tolstoy
Selection copyright © Penguin Books Ltd
Cover artwork © David Pearson
Simplified Chinese edition copyright © 2023 by The Commercial
Press in association with Penguin Random House North Asia.
All rights reserved.

 "企鹅"及相关标识是企鹅兰登已经注册或尚未注册的商标。未经允许,不得擅用。
封底凡无企鹅防伪标识者均属未经授权之非法版本。

涵芬楼文化 出品

➻ 译者序

托尔斯泰是中国读者最熟悉的外国作家之一，但托尔斯泰的意义不仅在于他创作了大量世界闻名的文学作品，他本人作为一种人格典范也成为现代性危机时代的一个标记。大家知道，人类进入现代社会的一个特点就是生活的意义自觉，或者说，在现代社会中，人是满怀自信和理想地活着，这个阶段也是人类历史上最富有活力的阶段。但到了19世纪后期，随着西方的资本主义危机、东方的传统型社会危机的到来，人类生存的意义感逐渐减弱，而到了20世纪，随着人类有史以来最大规模的屠杀行为的发生，人类已经忘记了什么是生存的意义，从而进入到一个普遍"活着"的历史阶段。托尔斯泰自己也许并没有意识到,他这一生的奋斗实际上塑造了一个力图挽救现代社会坍塌的堂吉诃德形象。如果可以这样比拟的话,那么托尔斯泰的前半生就是堂吉诃德出征前的准备阶段,而他的后半生就是堂吉诃德走出家门后的一系列精神历险,或者说,他以自己一个人的精神探索,像耶稣基督走上十字架那样,为世人做出了一个通过忏悔而走向精神救赎的榜样。托尔斯泰这个精神转折的标志就是他的《忏悔录》。

《忏悔录》的初稿写于1879年,此后托尔斯泰又对其做了反复修改,最终完成的时间大致是1881年7月之前。但作品的发表却历经曲折。最早是托尔斯泰夫人的弟弟彼·别尔斯当时参与创办了《儿童休闲》杂志,向托尔斯泰约稿,托尔斯泰便想到了《忏悔录》,并着手修改,但很快他就意识到,这部作品显然不适合儿童杂志,于是作罢。后来,托尔斯泰的熟人、《俄罗斯思想》杂志的编辑谢·安·尤里耶夫听托尔斯泰对他诵读过这部作品,表示了极大的兴趣,提议在该杂志全文发表,托尔斯泰也同意了,并于1882年4月把稿子交付杂志。杂志很快排出清样,托尔斯泰在校对中再次进行了大量修改，并加上了一个新的结尾，就是我们在现今版本上看到的最后的补充部分。与此同时，他也根据书刊审查机构的反馈意见，对文中的激进表述进行了"缓和"处理。然而，当杂志将刊印有《忏悔录》的五月号提交莫斯科宗教读物审查机构之后，该机构显然对其中否定教会的内容不满，但鉴于托尔斯泰的名望，又不敢贸然决定，于是提交莫斯科都主教、神学家、以自由主义思想闻名的马卡里再审。而这位自由派主教同样不敢做出决定，拖延了很久，使得《俄罗斯思想》杂志不得不隔过五月号，先出版六月号。这期间负责审查的大司祭谢尔基耶夫斯基曾向编辑部提出过一个折中方案，即托尔斯泰不必修改正文中的任何文字，只需要在文末加上几句话，说明上述内容是作家以前的想法，而现在他有了完全不同的认识。当然，从编辑部这儿就没有接受这个方案，更不必说转达给托尔斯泰。最终，审查机构要求已付梓的《俄罗斯思想》五月号撤除《忏悔录》，交由报刊事务总署销毁。但总署在拿到裁剪本后应几个大人物的要求，分发了若干份给他们，使得《忏悔录》首先在上流社会传阅。而编辑部的编辑也私下制作了一些副本分发各地。此外，彼得堡有一个大学生小组，专门从事地下出版物的发行，他们在得到《忏悔录》副本后开始大量印制，私下销售，其销量已远超《俄罗斯思想》杂志五月号的3000册发行量。由此，《忏悔录》基本上已成为公开出版物。

但其第一个正式版本是1884年由流亡瑞士的俄国革命家、出版商米·康·艾尔皮金在日内瓦出版的，书名为《列·尼·托尔斯泰伯爵忏悔录：一部未付印的作品序》。此后，托尔斯泰夫人1885年筹备出版12卷的托尔斯泰文集，拟收入《忏悔录》等涉及宗教内容的作品，因此官方书刊审查机构将书稿转交宗教书刊审查机构审查，该机构仍然不敢定夺，再提交国家东正教院审定。直到1886年7月5日，莫斯科宗教书刊审查委员会向托尔斯泰夫人发来通知："至圣东正教院注意到您发至莫斯科宗教书刊审查委员会的列夫·尼古拉耶维奇·托尔斯泰伯爵标题为《忏悔录》和《我如何理解基督的学说》的作品，其中某些地方提出了有违东正教教义的想法和论断，兹决定：不允许出版上述作品，您所提交的该作品校样将留存为东正教院档案。"尽管此后有若干不涉及反教会内容的《忏悔录》片段在不同出版物中收录发表,但直到1906年才于俄国本土出现第一个完整的版本,发表于《世界导报》当年的第一期。随着俄国书刊审查制度的松弛,这之后《忏悔录》便作为正当出版物被反复再版,并于作家去世之后收入托尔斯泰夫人编纂的第一部托尔斯泰全集。

托尔斯泰的手稿上并没有"忏悔录"(Исповедь)这个题名,目前也没有证据表明托尔斯泰想步奥古斯丁和卢梭的后尘,写一部向他们致敬的作品,尽管卢梭是他的偶像。但"忏悔录"这个名称也是他自己认可的。托尔斯泰夫人在1881年1月31日(俄历)的笔记中曾记述到,托尔斯泰正在"写他的宗教忏悔,以作为一部新作品的开篇"。(看来是这个说法成了后来《俄罗斯思想》被销毁版本和瑞士版本题名的由来。)

屠格涅夫曾于1882年9月16日在巴黎写信给托尔斯泰索要《忏悔录》:"我听说您本应发表在《俄罗斯思想》上的一篇文章被审查机关下令烧毁了;但或许您保存了完整的清样;因此您能否费心给我邮寄到这里?我读完后会及时还给您。我很想读到这篇文章。"此后,屠格涅夫收到了托尔斯泰托人寄来的《忏悔录》,并于10月27日回信称:"我已经开始要写一封长信作为对您的忏悔录的回答——但没有写完,也不会写完,以免陷入论争的腔调中去。"因为托尔斯泰的信没有保存下来,我们无法得知他是如何向屠格涅夫谈起这部作品的,他只是要求后者尽量站在作者的角度来看这篇文章,但显然,屠格涅夫并不赞同托尔斯泰对现实生活的否定,所以才会说避免"论争"。他在给托尔斯泰那封信之后于10月31日给作家德·瓦·格里戈罗维奇的信中说:"我通过莫斯科一位十分可爱的女士收到了被书刊审查机关查禁的列夫·托尔斯泰的《忏悔录》。我怀着极大的兴趣读完了它;就其真挚、诚实及信念的力量而言,这是一部出色的作品。不过它都是建立在不可靠的前提之上的——这就最终导致它对人类任何生存性生活(живая жизнь)的极为悲观的否定……这也是某种虚无主义。我诧异的是,托尔斯泰凭什么既置身于艺术家中间,又否定艺术呢?这些艺术家从他的谈话中能得到什么呢?毕竟托尔斯泰堪称当代俄国最杰出的人物!"但从今天的角度来看,屠格涅夫对《忏悔录》的评价并不准确,因为托尔斯泰所否定的并不是人的"生存性生活",或者为了生存而从事的具体活动。那么,托尔斯泰通过《忏悔录》要表达的到底是什么样的思想呢？

　　首先我们来看托尔斯泰的宗教观。《忏悔录》之所以被禁，主要是其中表达了对东正教教会的否定。托尔斯泰不仅否定东正教教会，而且否定一切形式的教会。因为，所谓教会实际上成了一种权力机构，与世俗的政权同流合污，所以他认为"教会的信仰就是奴隶制"，教会的功能就是控制民众，把他们认为的真理强加给所有人。他们除了建立起种种限制民众自由的信条，还通过种种仪式对信徒实施催眠式的训导。在托尔斯泰看来，对仪式的强化，实际效果是基督教本身对道德培育的淡化。因此，他声称："任何一种宣扬靠赎罪和仪式获得拯救的教会学说，都与真正意义上的基督教义格格不入。"（《生活之路》）那么真正意义上的基督教教义是什么呢？这就是耶稣传道的基本思想，而不是经过教会演绎的基督教教义。或者说，托尔斯泰并不是要放弃基督教信仰，他抛弃的是一切教会形式的基督教，不论是东正教还是天主教或新教，他要信奉的是直接建立在耶稣基督原初思想之上的信仰，或者说就是其虚己、不抗恶、博爱的学说。他的"托尔斯泰主义"也就是建立在这些最基本的原则之上的。所谓虚己，便是通过自降为卑、涤除罪孽的行为走向救赎,这本《忏悔录》本身就是这种行为的一种表现形式,尽管托尔斯泰把自身所犯下的罪孽归罪于贵族社会的世俗教育,但人类有史以来,有哪一个享有崇高声望的大人物能够勇于承认自己曾经"无恶不作"?因此,我们应把《忏悔录》首先理解为托尔斯泰自我救赎的一种形式。不抗恶是耶稣走出犹太教创立基督教的基本理念,因为犹太教作为一种民族宗教,其核心思想就包含着以暴易暴的内容,耶和华的训诫之一就是"以眼还眼,以牙还牙",而耶稣要告诉众人的是:"不要与恶人作对。有人打你的右脸,连左脸也转过来由他打。"所以,托尔斯泰坚持不以暴力抗恶。但我们必须清楚,不以暴力抗恶不是不抗恶。可以说,托尔斯泰的一生就是抗恶的一生,只不过他是通过向世人澄明真理、宣扬真理的方式来抗恶,是通过揭露沙皇专制的奴隶制实质的方式来抗恶,试问世上有几人能做到托尔斯泰这样不畏强权、始终不渝地与沙皇政府和东正教教会进行抗争?难怪出版家苏沃林感叹:"我们有两个沙皇:尼古拉二世和列夫·托尔斯泰。他们谁更强大?尼古拉二世拿托尔斯泰毫无办法,无法撼动他的宝座,而托尔斯泰，则毫无疑问正在撼动尼古拉的宝座及其王朝。"托尔斯泰认为宗教的终极真理就是博爱，即所有人之间的爱，而不是只爱某些人，而又憎恨另一些人。不同宗派教会的功能恰恰就是造成本宗派的人视他宗派的人为异端，欧洲历史上不可胜数的宗教屠杀行为盖源于此。因此，在托尔斯泰看来，只有消除了宗派信仰之间的壁垒，才能真正确立起人类的普世之爱。

其次就是托尔斯泰到底如何看待人的生命或人的生活。我前面之所以说屠格涅夫对《忏悔录》的理解是不准确的，原因就在于，托尔斯泰否定的并不是人类的现实生活，或者生存性生活。恰恰相反，托尔斯泰充分肯定人类现实生活的意义，因为人类实现托尔斯泰意义上的宗教理想不是靠永生或来世，而只有靠现世，也就是肉体生存的这个此在时间（настоящее время），只不过这种生活不应该仅仅为了生存而生存，它应当是为了上帝而生存，即肉身在尘世中生活，而心中驻留着上帝和天国。托尔斯泰十分羡慕那些生活在底层的埋头苦干的工人、农夫，在他看来，这些人虽然没有像那些有学识的人把信仰挂在嘴边，但他们的心中有上帝，所以他们生活得坦然、幸福。相反，他在中年精神危机状态下，之所以不断想到自杀，就是因为他把生活的表面意义——生存的目标、是否要有信仰等视为了生命的支柱，而在这个过程中，却忘掉了生命的真正目的，就是走向上帝和天国，而这个上帝和天国不是基督教会所训诫人们的那个绝对的权威和死后的世界，而是当人在肉身存续的过程中念及上帝时的状态，这也就是耶稣所说的："神的国就在你们心里。"

最后，我们来看一下《忏悔录》结尾补充部分讲述的这个梦境的意义，从而理解托尔斯泰是如何走出他的生命困境的。当他正常躺在床上的时候，就相当于人在没有刻意去追问生活意义时的状态，他不会有不适感。但当他非要去思考这样躺着是否舒适时，生命的困境就来到了，因为这时你想到的只有当下的情境，即相当于人的现实生活，而这种现实生活充满了痛苦和意义的逃逸。人在这种状态下开始挣扎，但如果他领悟不到空中那个上帝的存在，这种挣扎的结果就是不断趋近生命的深渊，即越挣扎，生命的痛苦越强烈，甚至会引导人走向毁灭。在这个时候，托尔斯泰有幸听到了来自远方的召唤,他在这个召唤中终于把头望向了头顶的天空,而这就是天国在心中产生的象征。当他一旦进入这种状态,就发现原来生命中始终存在着一根坚强的柱石,只不过人们忙于琐屑的日常生活而对此熟视无睹。这根柱石也就是托尔斯泰心目中真正的基督信仰。

就此而言,托尔斯泰向我们揭示出现代人生活的两种基本形态,一种充满着伪信仰及不同意识形态的纷争,他们认为这就是生活的意义所在,但最终却陷于无所适从的境地,甚至在这个过程中酿成生命危机;一种是仅忙碌于及时行乐的生存,像跌入井中的旅行者那样,既不考虑生命的意义,也看不到死亡的威胁,兀自去舔树叶上的蜜滴,而这样的生存在托尔斯泰看来就是没有生存。所以,他的《忏悔录》与其说是为自己的生活危机写下的反思式自白书,不如说是在警醒世人,人类生存的意义就在于接受真正的信仰启示,摆脱意义的缺失或危机状态,在自己的内心建立起一座理想的天国,这座天国的基础就是托尔斯泰主义的核心理念——虚己、非暴力、博爱。然而,就在托尔斯泰发出他的"旷野呼告"之后,人类进入了悲剧性的20世纪,接踵而至的两次人类大规模自相残杀，摧毁了人们在灵魂中重建天国的信念，而另一群人却开启了通过暴力途径在地上建立天堂的试验，在付出了一系列惨痛代价之后，终于，人类跌入了后现代境况。托尔斯泰的名字虽然仍被常常提起，但他探求真理的声音却离我们越来越遥远。在这样的时代，重读他的《忏悔录》，或许也是我们接过他的堂吉诃德式木棒，来延续他的拯救努力的一种表示吧。

王志耕

目录

一	1
二	7
三	15
四	23
五	31
六	41
七	53
八	61
九	67
十	75
十一	81
十二	87
十三	95

十四	101
十五	107
十六	115

一

我是在基督教的东正教信仰中接受洗礼和教育的。从童年开始,包括我的整个少年和青年时代,我受的都是这种信仰的训导。但我在18岁从大学二年级退学的时候起,对我接受的这些训导已经全然不信。

就一些记忆来看,我从来没有严肃地信仰过,而只是曾经信任过那些训导我的话和我所目睹的大人们的信守行为;但这种信任是很脆弱的。

我记得,大约在我11岁的时候,一个在中学念书的男孩(如今已去世多年)叫M.沃洛金卡,星期天到我们家来,把他在学校里得到的一个发现当作重大新闻向我们宣布。这个发现就是,上帝并不存在，我们所接受的那些训导全都是杜撰的（这件事发生在1838年）。我记得，我的哥哥们对这个新闻很感兴趣，把我叫去一起讨论。我们所有人，我记得，都非常兴奋，都对这个消息感到兴致盎然，认为完全有可能。

我还记得，我哥哥德米特里在大学读书的时候，出于他天性中的狂热劲儿，突然就迷恋上了宗教信仰，开始参加所有礼拜活动，持斋，过起一种洁身自好的精神生活，而我们大家，就连长辈们也开始不断地取笑他，并且不知怎么就谑称他为"挪亚"。我记得，当时喀山大学的督学穆辛-普希金招呼我们到他家跳舞，就用调笑的口吻劝说拒绝跳舞的哥哥，说大卫王也曾在方舟前起舞[1]。当年我是赞同长辈们这些玩笑的，并由此得出结论，教义手册应当学，教堂应当去，但没必要把这一切看得过于郑重其事。我还记得，我很年轻的时候就读过伏尔泰，他的冷嘲热讽[2]不仅不会激怒我，而且还让我感到快乐。

---

1. 实际上大卫是在约柜前起舞。在俄语中"约柜"与"方舟"是一个词：ковчег，这是穆辛-普希金调侃绰号为"挪亚"的托尔斯泰的哥哥作为方舟的主人也应该跳舞。——译者［本书注释均为译者注，后不另注］
2. 指伏尔泰对基督教的否定。

在我身上发生的这种脱离宗教信仰的情况，就我们这些受过教育的人而言，过去和现在一直都有。在我看来，这类情况多是这样：人们都过着同样的生活，人们生活所依据的基本原则与教义不仅没有任何共同之处，而且在很大程度上与之相对立；教义无法融入生活，与他人的交往从来与教义毫不相干，在个人生活中也从来用不着靠它指导；这类教义都是在某个远离生活、与生活脱节的地方才会被信奉。如果说跟它还有一点关系，那它也不过是一种与生活无关的外在现象而已。

无论现在还是以前，看一个人的生活，看他的事业，都无法看出他是不是一个信徒。即使说，在那些明确信奉东正教和否定东正教的人之间存在差异，那前者也未必值得赞同。无论现在还是以前，明确承认并信奉东正教的人，大多也出现在那些愚蠢、残忍、无情无义而又自视甚高的人中间。而聪明、诚实、正直、善良和道德，则大多体现在那些坦承不信宗教的人身上。

学校里讲授教义手册，分派学生去教堂；官吏们被要求出示参与圣餐礼的证明。而如今（旧时代更甚），我们这个圈子里的人，不再求学，又不出任国家公职，于是生活几十年也从未意识到自己是生活在基督徒中间，同时又被视为是基督东正教的信奉者。

所以说，无论现在还是从前，基于信赖和外在压力逼迫而被接受的教义，随着与之对立的学识和生活经验的影响，就一点点消解了，一个人常常活得足够长久，人们总以为他自幼就被灌输的教义还在心里完整地保留着，其实它早就踪迹全无了。

C，一个聪明而诚实的人，曾跟我讲述过他为什么不再信教。在他大约26岁时，有一次外出狩猎过夜，他就按照自幼养成的习惯做晚祷。当时与他一起狩猎的哥哥躺在干草上看着他。C做完祷告躺下来，哥哥问他："你怎么还一直这么做？"他们彼此再也没有多说什么。但从这一天开始，C就停止了做祷告、去教堂。如今已经30年不做祷告，不领圣餐，也不去教堂。这并不是因为他理解了哥哥的信念并愿意接受它，也不是因为他在内心做出了什么决定，而只是因为，他哥哥说出的这句话，就如同一根指头触动了一堵不能承受自重而行将坍塌的墙；这句话指明，在他以为存在信仰的地方早已经空空如也，因此，他立身行祷告时所说的话，还有画十字、行躬身礼，都是完全没有意义的行为。而当他意识到这些行为徒劳无益，也就不会再继续做下去了。

我认为，对于绝大多数人来说，过去和现在都是如此。我指的是受过我们这种教育的人，指的是诚实面对自我的人，而不是那些将信仰的对象作为手段来获取苟且之利的人。（这些人才是从根子上就没有信仰的人，因为，既然信仰对他们来说就是实现某些世俗目的的手段，那这无疑已不是信仰。）受过我们这种教育的人所处的境况，就像知识和生活的光芒消解了一座虚幻的大厦，他们有的已经发现这一点，并清除了这块地方，有的暂时还没有发现这一点。

自幼被灌输的教义，无论是在我身上，还是在其他人身上，都消失了，唯一的区别是，我很早就开始大量阅读和思考，所以我对教义的否弃很早就是自觉的。我从16岁起就不再做祷告，并且听从内心的意愿不再去教堂，不再做斋祷。我不再相信自幼被灌输的那些东西，但那时我有某种自己的信仰。至于我信仰的是什么，我却怎么也说不出来。我信仰上帝，或者更准确地说，我不否定上帝，但这是个怎样的上帝,我仍然无法说出来;我不否定基督和他的学说,但这学说的含义是什么,我也说不出来。

如今回忆起那段时光,我清楚地看到,我的信仰,就是那种除了动物本能之外推动着我的生活的东西,或者说,当时我唯一真正的信仰就是对完善的信仰。但完善的含义是什么,它的目的是什么,我还是无法说出来。我追求自己在智识方面的完善,学习一切力所能及的和生活逼迫我去学习的东西;我追求自己在意志方面的完善,为自己制定准则,恪守不懈;我在体能上追求完善,做各种体操来增强力量,提高灵活性,用种种让自己吃苦的方式来培育自己的承受能力和坚忍个性。我把这些都视为完善。当然,所有这些的基础是道德的完善,但很快它就被一般性完善所替代了,即,不是希望为了自我或为了上帝而加以改善,而是希望为了他人加以改善。很快,这种为了他人而改善的愿望又被比他人更强大,也就是说,比他人更有名望、更显赫、更富有的欲望所替代。

二

有机会我要讲一讲我的人生故事——我十年青春历程中既激动人心又富有教益的故事。我想很多很多人都体验过同样的人生经历。我全心全意希望做一个好人；但我那时年轻，我有种种欲望，而在我寻求美好事物的过程中又是只身一人，完全孤立。每当我想要表达我最深切的愿望是什么，即我要成为一个有道德的好人时，我就会招来轻蔑和嘲讽；而只要我沉迷于龌龊的欲望，就会受到夸赞和鼓励。野心、权欲、贪婪、情欲、骄傲、暴怒、报复——这一切都受到尊重。屈服于这些欲望，我就变得像一个大人了，我就能感受到，别人都对我满意了。我与之一起生活的那位好姑妈，一个纯洁无瑕的人物，总是对我说，她对我没有别的期望，就是希望我能与一位有夫之妇发生关系："没有什么能比与一位正派女子发生关系更能让年轻人获得教益的了。"[1] 她还希望我能有另一重好运——成为一名副官，最好能接近君王；而最大的幸运就是，我能跟一位十分富有的姑娘结婚，并且借着这桩婚姻，让我能拥有尽可能多的奴隶。

回想起这几年，我压抑不住自己的恐惧、厌恶和内心的痛苦。在战争[2]中我杀过人，为了杀人挑起过决斗，赌牌输过钱，侵吞过农民的劳动果实，对他们施以刑罚，生活放荡，欺骗他人。谎言、偷窃、形形色色的淫乱、酗酒、暴力、杀戮……没有什么罪我不曾犯过，而正因为这一切，我受到夸赞，我的同龄人过去和现在都认为，相比而言我还算是一个有道德的人。

这十年我就是这样生活的。

就在这段时间我出于虚荣、贪婪和骄傲而开始写作。在写作这件事上我所做的与在生活中所做的

---

1. 原文为法语："Rien ne forme un jeune homme comme une liaison avec une femme comme il faut."。
2. 指托尔斯泰所参加的克里木战争。

如出一辙。为了获取荣耀和金钱——这就是我写作的目的——必须隐藏美好而弘扬丑恶。我就是这样做的。我曾多少次在写作中装出一副冷漠,甚至略带讽刺的样子,巧妙地把我对善的追求隐藏起来,而这种追求本是我生活的意义。于是我的目标达到了:我得到了赞赏。

26岁那年,我于战后来到彼得堡,与众多作家有了交往。我被当成自己人而得到接纳和奉承。还没等我头脑清醒过来,我与之交往的这些人对生活的观念就俘获了我,并彻底抹去了我之前所有追求向善的意图。这些观念为我的放荡生活确立了一个可以为之辩护的理论。

我写作上的这些伙伴的人生观是:生活总体上是在发展的,我们这些有思想的人是参与到这个发展中的主要角色,而在这些有思想的人中间,最具影响力的就是我们——艺术家、诗人。我们的使命就是教育人。为了避免让自己面对那个自然而然的问题——我懂得什么,我能教给别人什么——便称这个问题在理论中已经阐明,不一定要弄清楚,因为艺术家和诗人是在无意中教育人的。我被认为是一个杰出的艺术家和诗人,所以我自然而然就认同这种理论。我作为一个艺术家、诗人，从事写作、教育，自己却不知道教的是什么。我靠这个获取报酬，拥有了美食、居所、女人、社交圈，拥有了名望。看起来，我所教给人的都是很好的东西。

这种对诗的意义和生活发展的信奉也是一种信仰，而我就是这种信仰的献祭者之一。成为它的献祭者是一桩颇为有利可图且令人愉悦的事。我在这种信仰中生活了相当长的一段时间，从未怀疑过它的正当性。但在这种生活的第二年，尤其是第三年，我对这种信仰是否无可挑剔产生了疑问，并开始研究它。产生疑问的第一个原因是，我发现，这种信仰的献祭者的信念并非都是相一致的。有些人说：我们是最优秀的、使人受益最多的老师，我们所教的都是必要的，别人所教的都是错的。另一些人则说：不，我们才是真正的老师，你们教的是错的。于是他们彼此之间就开始争论、吵闹、谩骂、撒谎、瞒骗。除此之外，我们当中的许多人并不关心孰是孰非，而只是借着我们的活动达到满足私欲的目的。这些都促使我开始怀疑我们的信仰的正当性。

此外，既已对写作作为一种信仰的正当性产生怀疑，我便更密切地观察这种信仰的献祭者，并断定，这种信仰的几乎所有献祭者——作家，都是些寡廉鲜耻的人，并且大多数都是坏人，人格渺小——比我此前在放荡不羁的生活中和军旅生涯中遇到的人远为卑劣——但他们充满自信，孤芳自赏，而只有那些脱胎换骨的圣人，或者不知何为神圣的人才会这样自以为是。我厌恶这些人，也厌恶自己，因为我明白了，这种信仰就是一个骗局。

但奇怪的是，我虽然很快就明白了这种信仰的全部虚伪性，并且把它舍弃掉，但由这些人赋予我的头衔——艺术家、诗人、教师的头衔——我却无法舍弃。我天真地想象，我就是诗人、艺术家，我能给所有人以教导，虽然我自己也不知道教的是什么。我就是这样做的。

由于与这些人接近，我养成了一个新的恶习——不断滋长以致病态的骄傲和一种疯狂的信念，即，我负有教育人的使命，尽管我不知道教的是什么。

如今，每当回想起这段时间，回想起那时自己的心态和那些人（不过如今仍有成千上万这样的人）的心态，我就感到遗憾、恐惧、可笑——会产生那种在疯人院才能体验到的心情。

那时我们都确信，人们需要我们说话再说话、写作、发表——越快越好，多多益善，这一切对于人类的福祉都是必需的。成千上万我们这样的人，一边互相批驳、谩骂，一边却都在发表、写作、教育别人。但却注意不到，我们一无所知，连生活中最简单的是非善恶的问题我们也不知道如何回答，我们都不听对方说什么，只是一味自说自话，有时也彼此纵容、互相吹捧，为的是得到对方的纵容和吹捧，而有时则互相激怒、吼叫，与疯人院中的情形别无二致。

成千上万的工人夜以继日、尽心竭力地工作，为千百万的字符排版、印刷，邮局再把它们分发到全俄国去，而我们则一直在变本加厉地说教、说教、再说教，却觉得还是没来得及把所有东西都教给别人，并一直恼怒人们对我们的话听得不够。

真是咄咄怪事，但如今我明白了。我们内心深处真正的盘算是，我们要尽可能多地获取金钱和赞赏。为了达到这个目的，我们只能靠写书、编报纸，除此之外一无所能。我们就是这样做的。但为了使我们能够从事这种无益的事务，并且确信我们就是一批举足轻重的人物，我们还需要一种能够为我们的活动提供辩护的论调。所以我们杜撰出以下结论：凡存在的就是合理的。凡是存在的，都是发展的。而一切都是通过启蒙的途径来发展的。而衡量启蒙的程度就要靠书籍和报刊的发行量。我们获得金钱的报酬和尊重，是因为我们写书、编报纸，所以说，我们就是最有用的和最优秀的人。这种论调本来是非常好的，如果我们都持赞同态度的话；然而，每当有人讲出一个想法，总是会有另外的人讲出一个截然对立的想法，这就不能不促使我们加以反思。但我们却没有对这个问题加以注意。我们得到了金钱上的报酬，与我们站在一边的人称赞我们——那么，我们每一个人就都自认为是对的。

如今我明白了，这种现象与疯人院别无二致；当时我对此还只是模模糊糊地有所怀疑，并且就像所有疯子一样——称别人都是疯子，只把自己排除在外。

三

在结婚之前,我沉迷于这种疯狂状态,度过了六年的时光。这期间我出过一次国。在欧洲的生活以及与那些杰出的、有学识的欧洲人的接近,使我更加坚定了我过去所赖以生活的对普遍完善的信仰,因为我在他们身上也发现了同样的信仰。这种信仰在我身上体现出那个时代大多数有教养人士共有的一种形式。这种信仰用一个词来表示——"进步"。当时我感觉到这个词一定表达了某种含义。但我还无法弄明白,我同每一个生活中的人一样,被一个问题所折磨着:我怎样过更好的生活?我如果回答:按照进步的方式来生活。那这就像一个在小舟中随波逐流的人所说的话完全一样,他所面对的唯一重要的问题是"向何处去",而如果他说"反正我们会被带到某个地方",那就等于没有做出回答。

当时我还没有注意到这一点。只是偶尔——不是在理智上,而是在感情上——对那个时代这种普遍的迷信感到愤懑,人们就是用这种迷信掩盖他们对生命的无知。例如,我在巴黎逗留的时候,死刑的场景让我的进步迷信产生了动摇。当时我看到,一个人身首异处,分成两截落到尸匣中,我理解到——不是凭理智,而是用全部生命理解到,任何关于存在及进步合理性的理论都不能成为这种行为的辩词,即使所有世人不管根据创世以来的什么理论证明这是必要的,我还是很清楚,这绝非必要,而且十分恶劣。就此而言,要评判什么是好的和必要的,靠的不是别人说什么和做什么,也不是"进步",而是我自己的一颗心。"进步迷信"相对于生命而言是残缺的,促使我意识到这一点的另一件事是我哥哥的死。一个聪明、善良、严谨的人,他早年患病,经受了一年多折磨,在他还没有明白为何而生,更不明白为何会死的时候,就痛苦地死去。在他忍受着痛苦慢慢走向死亡的过程中,面对这些问题,任何理论都无法对我或他做出回答。

但这只是偶尔让我产生疑问的事件，实际上我还是只信奉进步的信仰，照旧生活。"一切都在发展，我也在发展；至于我为什么要随着大家一起发展，将来就清楚了。"那时我也只能是这样来描画我的信仰了。

从国外回来后，我住到了乡下，投身到乡村学校的事务之中。这种事情特别称我的心意，因为在这个过程中没有那种让我一眼即可看穿的谎言，而这类谎言在那种文学教诲的活动中已经让我深恶痛绝。在这件事上我仍然打着进步的旗号，但我已经在用批判的眼光来看待进步了。我心里说，进步在某些事情上是错的，所以要以完全自由的态度对待那些处在蒙昧中的人，以及农民的孩子，建议他们要选择一条符合他们心愿的进步之路。

不过，实际上我仍然围绕着那个尚未解决的问题打转转，即想教育人，却不知道教什么。在上层的文学活动圈子里，我心里明白，不知道教什么就不能教，因为我看到，所有人教的东西都各不相同，他们内部的种种争吵只不过是对自己掩饰自己的无知；但在这里与农民的孩子打交道，我认为，可以通过让孩子们学习他们想要的东西来规避这个难题。

如今我回忆起来还是感到可笑，当初我竟为了实现我要教育人的欲望而闪烁其词，尽管我在灵魂深处十分清楚，我无法教给人任何必需的东西，因为我自己也不知道什么是必需的。操持了一年的学校事务之后，我再一次出国，为的是去了解，如何能做到在自己一无所知的情况下教育人。

当时我觉得，这次出国在这方面我学有所成，我被这方面的全部智慧武装起来了，在农民解放的那一年我回到了俄国，担任了调解员一职，并开始在学校里教没受过教育的人，而在我开始出版的杂志[1]上教受过教育的人。事业看上去进行得很顺利，但我感觉到，我在理性层面上并非完全健康，这个事业将无法长久持续下去。如果我没有一个我未曾经历过，但能保障我获得拯救的新的生活方向——即家庭生活，我有可能陷入绝望的境地，就像我临近50岁时所遭遇的情形那样。[2]

有一年的时间我忙着民事调解、学校和杂志的

---

1. 托尔斯泰于1861年，即农奴制改革的那一年回国，随即着手创办教育杂志《雅斯纳雅·波良纳》。
2. 本书写于1879年，即托尔斯泰51岁的时候。这里说的就是下面写到的情形。

事务，搞得筋疲力尽，尤其是当我陷入一片忙乱之中的时候，调解过程中的争斗让我不堪其扰，学校中的活动漫无目标，而办杂志产生的影响又让我心生厌恶，这种影响说来说去就是一样——希望给每个人教益，却要掩饰自己并不知道该教什么，我在精神上患了病，更甚于肉体上的病痛——于是我抛开了这一切，去了巴什基尔的草原呼吸新鲜空气，喝酸马奶，过动物的生活。

从那儿回来之后，我结了婚。幸福的家庭生活的新境况让我彻底放弃了对生命普遍意义的种种探索。在这段时间里，我的全部生命都专注于家庭、妻子、孩子，以及由此而来的扩大家产的操劳。最早对完善的追求后来被替代为对一般性完善、对进步的追求，而现在又被替代为一种最直接的追求——让我和全家尽可能过上好日子。

这样又过了15年。

尽管在这15年期间我认为写作事业无足轻重，但我还是一直在写。我已经体味到了写作的诱惑，体味到付出微不足道的劳动就可换来巨额金钱奖赏和掌声的诱惑，我沉醉于其中，以此作为手段来改善自己的物质状况，并扼杀掉灵魂中所有关于我及普遍生命意义的追问。

通过写作，把我所理解的唯一真理教给别人，即应该让自己和全家尽可能过上好日子。

我就这样生活着，但五年前在我身上出现了一种奇怪的现象：一开始有几分钟茫然失措，感到生命停顿了，我仿佛不知如何生活、如何做事，于是失魂落魄，跌落到沮丧的状态。但这种状况过去之后，我又照旧生活。后来这样几分钟茫然失措的现象反复出现，越发频繁，总是同样的状况。与这种生命停顿相伴的总是提出同样的问题：为什么？那么以后呢？

起初我以为这不过是些漫无目的、无关紧要的问题。我觉得，这些问题都是众所周知的，如果我有空并且愿意来回答这些问题，也未必会费我什么事——只不过我现在没空做这个事，说不定什么时候我灵机一动，答案也就找到了。然而这些问题反复出现，愈加频繁，并且越来越迫切地要求得到答案，就像一个个小黑点不停地落到一个地方，最后这些没有答案的问题就汇聚成了一块大黑斑。

凡是患有致命的内脏疾病的人都会遇到的情况出现了。起初只是有些微不足道的不适症状，患者对此也不太在意，后来这些症状反复出现，愈来愈频繁，并累积成一种无休止的疼痛。疼痛不断加剧，转眼之间，患者已经意识到，他最初感受到的不适，对他来说就是世间的头等大事，这就是死亡。

发生在我身上的就是这种情况。我明白，这不是偶然的不适，而是一种十分重要的现象，如果这些问题总是反复出现，那就必须对之做出回答。于是我尝试着回答。这些问题看起来都是些愚蠢、简单、幼稚的问题。但只要我一碰到它们并试图加以解决，我马上就确信：首先，这些问题并不幼稚、愚蠢，而是人生中极为重要和深刻的问题；其次，无论我怎样反复思索，对这些问题我也不能给出答案，无能为力。要想接管萨马拉的田产、教育儿子如何写书，我先要弄清楚，我为什么要做这些事。在我还不清楚为何要做的时候，我什么也不能做。当时我满脑子都是有关家业的想法，有一天突然冒出来一个问题："那好，你即将在萨马拉省拥有6000俄亩土地，300匹马，可接下来会怎样？……"我整个人都呆住了，不知道该怎样往下想。有时候，当我开始考虑怎样教育孩子时，我会对自己说："为什么？"有时候，当我琢磨如何让民众过上富裕生活的时候，又会突然对自己说："这关我什么事?"有时候，当我想到靠自己的作品获得的荣耀时，我会对自己说："那好，你将比果戈理、普希金、莎士比亚、莫里哀，以及世界上所有作家获得的荣誉更高——但那又怎样！……"

我一句话、一个字也回答不出来。

四

我的生命停顿了。我能呼吸、能吃、能喝、能睡,因为不能不呼吸、不吃、不喝、不睡;但生命却没有了,原因是我已没有了那种我既想满足又确信其合理的欲望了。即使我有什么欲望,我也预先就知道,满足不满足这个欲望,也没有任何意义。

假如有一个女巫过来,对我提出可以满足我的愿望,我也不知道该说些什么。如果说在我醉酒的那一刻我还有愿望,那也是以前习惯性的愿望,而在清醒的那一刻我知道,这都是幻象,其实并没有什么愿望。我心里甚至连认识真相的愿望也无法产生,因为我已经猜到了它是什么。真相就是:生活即荒谬。

我好像活着活着，走着走着，就来到了深渊边上，并且清楚地看到，前方别无所有，只有死亡。但你既不能止步，也不能后退，也无法闭上眼睛不去向前看，而前方没有别的，只有生命和幸福的幻象，以及实在的痛苦和实在的死亡——彻底毁灭。

生命让我感到厌倦——有一种不可抗拒的力量吸引着我找机会摆脱它。不能说是我想自杀。是吸引着我抛弃生命的那种力量更强大、更充沛、更为人所普遍向往。这是一种与原先渴望生命的力量相类似的力量，只不过方向相反。我用尽全力要抛弃生命。自杀的念头来得那么自然，就像以前来过的那些要改善生命的念头一样。这种念头是如此诱人，我不得不采取一些计策，以防止自己轻举妄动去实施这个念头。我不想贸然行事的原因是，我想集中精力弄清事情的原委！我对自己说：如果搞不清楚，再动手也不迟。于是，我，一个幸福的人，在我每晚独处的那个房间，脱掉外衣后就把衣服带拿到外面，以免在柜橱之间的横梁上自缢。并且不再带枪打猎，以免被一种过于轻易地摆脱生命的方式所诱惑。我自己也不知道我要的是什么：我害怕生命，极力要抛弃它，同时又对它抱有某种希冀。

这种情况发生在我身上的时候，正是我在各方面都拥有了人所公认的完美幸福的时期，而那时候我还不到50岁。我有一个善良的妻子，她爱我，我也爱她，孩子们都很优秀，田产可观，就算没有我的劳动，财产也会增加、升值。我比以往任何时候都更多地受到亲朋好友的敬重，受到陌生人的夸赞，可以绝非自我陶醉地说，我已经颇有声望。同时，我在肉体和精神上不仅没什么不健康的，而且有着在我的同龄人中鲜见的精神力量和强大体力：在体力上，我能割草，不落于庄稼汉之后；在脑力上，我可以连续工作8—10个小时，而感觉不到由于紧张可能产生的任何不适。就是在这种境况下，我走到了不能活下去的地步，可因为我害怕死，所以不得不想方设法避免自己来剥夺自己的生命。

这种心态对我来说可以这样表述：我的生命就是某个人对我所开的一个愚蠢而恶毒的玩笑。尽管我从不承认任何或许创造了我的"某个人"，但说是他将把我带到世上当作对我开的恶毒而愚蠢的玩笑，这种表述形式于我而言却最自然不过了。

我不由自主地想到，在某处有某个人用讥笑的眼光看着我，看着我整整生活了30—40年的时间，看着我一边生活，一边学习、发展、身心成熟，看着我如今在智力上足够强大，踏上了生命的顶峰，整个生命都已展现在眼前，而我却像一个傻瓜似的站在这个顶峰上，清楚地意识到，生命中一无所有，过去没有，将来也没有。"可他却觉得好笑……"

但不管这个嘲笑我的某人是否存在，我都不会由此感觉轻松一些。无论是我的一言一行，还是整个生命，我都无法赋予其任何合理的意义。我只是感到诧异，为什么开始时我未能领悟这一点。而这些道理全都早已人所共知。用不了多久，疾病和死亡就将来到（其实早已来过）心爱的人和我的身上，除了恶臭和蛆虫，什么都留不下。我的事业，不管什么样的事业，都将被遗忘——或迟或早，当然，我也就不复存在。既然如此，还忙碌个什么呢？一个人怎么竟然看不到这一点，还要活着——这真是匪夷所思！只有当你沉醉于生活的时候才能够活下去；而一旦清醒过来，你就不能不发现，所有的一切都不过是幻象，荒唐的幻象！不错，没什么可笑的、滑稽的，有的只是残酷与荒唐。

很久以前流传着一个有关旅行者在草原上遭遇猛兽的东方寓言。旅行者为了逃脱野兽的追赶，跳进了一口枯井，但在井底他却发现一条龙正张着大口要吞食他。而这个不幸的人既不敢爬出来，怕被猛兽咬死，又不敢跳到井底，怕成为龙的口中之物，于是抓住井壁裂缝中生长的野生灌木枝子，紧紧攀牢。双手渐渐没了力气，他觉得很快就得向在两边等待着他的死亡投降了；但他还是坚持着，一边抓牢树枝，一边四下观察，这时他看到了两只老鼠，一只黑的，一只白的，协调一致地绕着他所悬挂的灌木枝干咬啮着。眼看着枝干就要断掉，他就将跌入龙口。旅行者看到这些后明白，他难逃一死；但他趁着还挂在枝子上，往周边打量，他发现灌木叶子上有几滴蜂蜜，就用舌头去舔。而我现在就是挂在生命的树枝上，我知道，我已难逃死亡之龙，它正准备着将我撕碎，只是我无法理解，我怎么就遭遇到了这样的磨难。我也尝试着吸吮那些蜂蜜，昔日它曾给我带来快慰；但如今这蜂蜜已不能让我快乐，而那一白一黑两只老鼠——白天和黑夜——正在咬啮着我所抓住的树枝。当我已清晰地看到龙的时候，蜂蜜已经不能带给我甘甜。我看到的只有无法逃避的龙和老鼠，而且我也无法把目光从它们身上移开。这不是寓言，这就是实实在在、无可置疑、人所共知的真相。

以前曾经掩盖住对龙的恐惧的那种生命欢乐的幻象,如今已不能欺骗我了。不管你怎样对我说"你无法理解生命的意义,不要多想,要活着",我也不能照做,因为过去我这样做得太久了。如今我不能不看到,不断流逝的日日夜夜正在把我带向死亡。我看到的只有这一点,因为只有这才是真理。剩下的全都是谎言。

曾经有两滴蜂蜜比其他事物更能长久地把我的目光从残酷的真相上引开——这就是对家庭的爱,以及对我称之为艺术的写作事业的爱——但如今在我看来也已不再甜蜜。

"家庭,"我对自己说,"家庭不过就是妻子儿女;他们同样是人。他们也和我一样处在同样的境况之中:要么必须在谎言中生活,要么面对恐怖的真相。他们为什么活着?我为什么爱他们,珍惜他们,培育、呵护他们?其实还是为了我内心的那一份绝望,或者痴愚!我爱他们,所以我不能对他们隐瞒真相——认知能力提高的每一步都把他们引向这个真相。而真相就是死亡。"

"艺术,诗?……"受到长期以来世人赞誉的影响，我让自己相信，这就是我所擅长的事业，尽管死亡即将来临，要毁灭一切——我，我的事业，还有对它们的记忆；但很快我就看到了，这不过是幻象。我明白了，艺术就是生活的装饰品，诱骗你去生活。但生活对我已失去了诱惑力，我还怎么能诱骗别人呢？当我过着没有自我的生活，而且任由别人的生活将我卷入其波浪之中的时候，当我相信生命是有意义的，尽管我无法表达出这种意义的时候，反映在诗与艺术作品中的任何一种生命形态都会给我带来快乐，当我审视艺术这面镜子之中的生命时都会感到欣悦；但当我开始追寻生命的意义，当我感受到必须要面对自我生存的时候，这面镜子就变得无用了，多余而可笑，甚至令人痛苦。当我在镜子里看到我的境遇竟是如此荒谬和无望的时候，我当然就无法从中获得慰藉。当我在灵魂深处相信我的生活是有意义的，并为此而兴奋的时候，我的感觉良好。那时这种光与影的游戏——生活中那些喜剧的、悲剧的、感人的、优美的、可怕的东西——都会给我带来宽慰。然而当我明白了生命是没有意义的，是可怕的，镜子里的游戏也就不能让我感到开心了。当我看清了那条龙和正在咬啮我的支柱的老鼠时，再甜的蜂蜜也不能让我产生甜蜜的味道了。

但这还不够。如果我只是理解到生命没有意义这一点，我还能平静地接受它，还能够明白这就是我的宿命。但我没能就此止步。假如我是一个生活在森林中的人，知道这个森林没有出路，那我也就生活下去了；但我却像那个在林中迷路的人，由于迷路陷入恐惧之中，于是左冲右突，希望能闯到大路上去，知道每走一步只会让自己更加迷茫，可是又不能不四处乱闯。

令人恐惧的就是这种情况。正是为了摆脱这种恐惧，我想到了自杀。面对等待着我的未来，我感到恐惧——我知道，这种恐惧心理比实际境况本身更可怕，但我无法赶走它，也没有耐心等待着结局。无论怎样信誓旦旦地说，心脏血管早晚会爆开或者别的什么也会破裂，一切都将终结，那我也没有耐心等待这个结局。黑暗带来了巨大的恐惧，我只想尽快、尽快，用绳套或子弹来摆脱它。正是这种感觉以强大无比的力量吸引着我走向自杀。

五

"但也许我忽略了某些东西,对有些事还没有理解?"我也曾几次扪心自问,"这种绝望心态不应当是人的本性。"于是我在人们已经积累起来的所有知识中为我的问题寻求解释。我长久地苦苦寻找,这不是出于无所事事的好奇心,也不是漫不经心地寻寻觅觅,而是满怀痛苦,不屈不挠,不舍昼夜——我不停地寻找,就像一个濒死的人寻求拯救,但是一无所获。

我在所有知识中寻找,不仅没有找到,并且确信,所有像我一样的人都曾在这些知识中寻找过,同样也一无所获。而且不仅没有找到,并且坦率地承认,那个将我引入绝望境地的问题——生活即荒谬——乃是人所能领悟的唯一无可置疑的知识。

我四处搜寻，有赖于我在生活中不断学习，以及我与学术界的联系，让我可以接触到各种学科知识领域中的学者，他们不仅在书本中，还有在交谈中，从不吝向我阐释他们全部的知识，我由此了解到了这些知识解决生活问题的所有方式。

很长时间，我无论如何都觉得难以置信，这些知识对生活问题竟给不出任何别的答案，除了它现有的那些答案。很长时间，每当我端详科学在论证与人生问题毫无共同之处的那些观点时，所流露出的威严架势，都会觉得有什么东西我还没有理解。很长时间，我都对知识感到畏怯，在我看来，对我那些问题没有相应的答案不是知识本身的错，而是由于我的无知[1]；然而这件事对我来说不是玩笑，不是消遣，而是关乎我的全部生活，所以我迫不得已要做出论断：我的问题乃是作为各种知识基础的一些原则性问题，过错不在我提出这些问题，而在科学，如果它自命不凡要回答这些问题的话。

我的问题，即让我在50岁的时候要自杀的那个

---

[1] 原文为法语：naïveté。

问题，是盘踞在每个人——从懵懂的孩童到睿智的老人——灵魂中的一个极为简单的问题，不提出这个问题，人生就无法延续，正像我所实际体验到的那样。这个问题是这样的："我此刻所做的事，我明天将要做的事，其结果是什么——而我全部的人生，其结果是什么？"

换一种方式，这句话可以这样说："我为什么活着，为什么要有所期望，为什么要有所作为？"还可以再换一种表达方式："在我的人生中是否存在这样的意义，它不会随着我无可避免的死亡而消亡？"

为了解决这个表述各异而实质相同的问题，我一直在人类的知识中寻找答案。结果我找到的是，人类所有知识面对这一问题的看法好像是分成了两个相对的半球，在其相对的两边存在着两极：一边是负极，一边是正极；但无论是哪一极，都没有对人生问题给出答案。

有一类知识似乎就不承认这个问题，不过它倒是对其自主提出的许多问题都给出了清晰而准确的答案：这就是实验类知识，其极致形式是数学；另一类知识承认这个问题，但却不予回答：这就是抽象性知识，其极致形式是形而上学。

我很年轻的时候就被抽象性知识所吸引，后来又对数学及自然科学产生了兴趣，那时我还没有明确地对自己提出那个问题，那个问题在我心中尚未成熟并迫切要求解答，这段时期我一直满足于这些知识对我的问题给出的假冒的答案。

就实验科学领域，我对自己说："一切都在发展、分化、日益复杂和完善，而这个过程是有规律可循的。你只是整体的一部分。最大限度地认识整体，认识发展规律，你就能认识自我以及自我在这个整体中的地位。"尽管说来令人惭愧，我还是得承认，那段时期我似乎对此颇感满足。那段时期也正是我自己头脑变得复杂、身心不断成长的阶段。我的肌肉变得发达、结实，大脑存储更丰富，思维和理解能力增强，我在成长、发展，而当我感觉到自己的成长时，自然而然就产生了一个念头，这就是整个世界的规则，从中我将找到解答我人生问题的答案。但又一个阶段，即我的身心停止成长的阶段到来了，我感觉到，我不再发育，而是在萎缩，我的肌肉渐渐松弛，牙齿脱落——于是我发现，这个法则不仅没有给我做出任何解释，而且这样的法则从未有过，也不可能有，我只不过是把我在生命中某个时期所看到的东西当作了法则。当我对这种法则的定义更严格些时,我就明白了,不可能存在无限发展的法则。我明白,声称一切都在无限的空间和时间中发展、完善、复杂、分化,这就等于什么也没说。这都是些没有意义的话,因为在无限之中既无复杂简单之分,也无前进后退之别;既不能变好,也不能变坏。

要点在于,我的问题是个人化的:作为一个欲望个体我将如何?——结果是根本没有答案。于是我明白了,这些知识固然十分有趣、富有魅力,但将其用于解决人生问题时,它们的准确性和清晰度恰好成反比:它们与人生问题的契合度越低,它们就越准确、越清晰;它们越是试图给出人生问题的答案,它们就越含糊、越缺少魅力。如果你转向那些试图对人生问题给出答案的各种知识的分支学科——生理学、心理学、生物学、社会学——你就会遭遇到思想上惊人的贫乏、极度的含混,号称可以解决本学科以外问题的毫无凭据的狂妄,以及一个思想家与另一个思想家之间无休止的争辩,甚至是其自身的内在矛盾。如果你转向那些不从事解决人生问题,而只回答其科学专业问题的分支学科,你会为人类智慧的力量而惊叹,但接下来你就会看到,在它们那儿没有对人生问题的答案:这些知识把人生问题直接忽略掉。它们说:"对于你是什么和你为什么活着的问题,我们没有答案,我们不从事这方面的研究;而如果你想要知道光、化合作用的规律、机体生长的规律,如果你想要知道物体及其形式的规律、数与值的关系,如果你想要知道自己智能的规律,那在我们这里有着清晰的、准确的、无可置疑的答案。"

一般来说,实验科学对人生问题的态度可以这样表述——问:我为何而生?答:在无限广大的空间之中,在无限长久的时间之内,无限小的粒子在以无限的复杂性发生演变,而一旦你能理解这些演变的规律,你也就能理解你为何而生。

就抽象科学领域,我对自己说:"整个人类是在引导着他们的精神原则、**理想**的基础上生存与发展。这些理想在宗教中,在科学、艺术、国家形式上表现出来。这些理想不断地提升再提升,人类也在向着至善前进。我——是人类的一分子,因此我的使命便是推进对人类理想的认知和实现。"我在智识黯弱的时候就仅仅满足于此;但不久之后我的头脑中就清晰地出现了那个人生问题，上述理论瞬间就崩塌了。更不必说这种知识怎样用蒙混过关的手法将对一小部分人的研究结论用作普遍性结论，也不必说那些赞同人类理想的各色人等在解答其内涵时的相互矛盾，这种观点的奇怪（说重一点是愚蠢）之处就在于，为了回答每个人所面临的问题——"我是什么"或"我为何而生"，又或"我该怎么办"——人首先要解决这个问题："一个人对全部人类生活的了解只限于一段极短时期内的一小部分，那么，他所未知的整个人类的生活是什么？"一个人要想理解他是什么，首先要理解，由像他这样连自我也未能理解的人所组成的这个神秘的人类是什么。

应当承认，我有一段时期相信过这一点。在那段时期，我曾有过自己所热衷的、支撑着我的奇思妙想的理想，我挖空心思想出了一种理论，根据这种理论，或许我可以把自己的奇思妙想视为人类的法则。但不久我的心灵深处就清晰完整地显现出那个人生问题，而这个答案立刻就化为灰烬了。于是我明白，在实验科学中存在着真正的科学和试图回答本学科以外问题的半科学，同样，在抽象科学的领域，也存在着一整套极力要回答本学科以外问题的极为流行的知识。这个领域中的半科学，就是法学、社会学、历史学，它们异想天开提出解决人的问题的方式就是，每个学科都可以用自己的理论来解决全人类的生命问题。

但在实验性知识领域，一个真诚地追问我如何生活的人，不可能满足于这样的答案：你要去研究无限空间中无数粒子就其时间性和复杂性方面的无穷变化，你就会理解自己的人生了。同样，一个真诚的人也不会满足于这样的答案：你要是去研究整个人类的生命——我们既不知其始，也不知其终，连它的一小部分我们也不知道——你就会理解自己的人生了。同样的情况也存在于那些实验性的半科学中，这些半科学越是回避它的任务，就越是表现出含混、歧义、愚蠢和矛盾。实验科学的任务是研究物质现象的因果序列。实验科学只要引入绝对起因问题，就会成为无稽之谈。抽象科学的任务是认识生命的非因果关系的实质，而只要它涉及因果现象，如社会现象、历史现象的研究，也就会成为无稽之谈。

实验科学只要不在研究中引入绝对起因问题，它就会提供正面知识，就会显示出人类智慧的伟大。

与此相反，抽象科学只要彻底抛开有关因果现象序列的问题，而只去探究人与绝对起因的关系，它才能成为科学，并显示出人类智慧的伟大。在这个领域中，作为这个半球一极的科学——形而上学或抽象哲学，便是这样的。这种科学明确地提出如下问题：我及整个世界是什么？我为何存在，整个世界为何存在？自这种科学出现起，它的回答始终如一。不管哲学家把我及所有现存生物身上的生命实质称作观念，还是实在、精神、意志，指的都是一回事，即这种实质是存在的，我就是这个实质；但这种实质为何存在，如果是一位严谨的思想家，他就不知道，也不回答。我会问：为什么会存在这种实质？它存在着，并将存在下去，那么结果是什么？……哲学不仅不做出回答，而且它只会提出这样的问题。如果它是真正的哲学，则它全部的任务只在于明确地提出这个问题。而如果它坚守自己的任务，则对这样的问题——"我及整个世界是什么？"——它就不能做出别的回答，而只能是："整体和虚无。"而对这样的问题——"世界为何存在，我为何存在？"——回答只能是："我不知道。"

所以，无论我怎样罗列哲学的那些抽象答

案,我也无法得到与此类似的任何答案,这不是因为——如在明确的实验科学领域中那样——答案与我的问题并不相符,而是因为这里本来就没有答案,尽管其全部脑力工作的确都是针对我的问题,因此最后代替答案的还是那个问题,只不过换成了更复杂的形式。

✈ 六

在寻找人生问题答案的过程中,我体验的感受与一个在森林中迷路的人完全相同。

我来到一块林中旷地,爬到树上,清楚地看到一片广阔无垠的空间,但那里没有屋舍,也不可能有;我走向密林深处,走向黑暗,我看到的是黑暗,那里同样也没有屋舍。

我就是这样在这片人类知识的森林中徘徊。在处于数学和实验科学的光照之下的林中,它们向我开启了一片片明亮的区域,但循着这些区域的方向看,不可能有屋舍;在处于抽象知识黑暗笼罩的林中,我向前迈进得越远,就越是陷入更浓重的黑暗。最终我确信,没有出路,也不可能有。

当我沉浸于知识的光明区域时,我明白,我只不过是把自己的目光从那个问题上移开了而已。无论在我眼前开启的那些区域多么诱人、明亮,无论投身于这些知识的无限性之中有多么诱人,我都已明白,它们,这些知识,越是明确,对我来说就越是无用,越是无法回答那个问题。

"好吧,"我告诉自己,"我懂得了科学不屈不挠想要弄清的所有知识,可是在这条路上,有关我人生意义问题的答案还是没有。而在抽象科学领域,我明白了,尽管知识的目的是直接指向我问题的答案,或者说正因为如此,便没有其他的答案,除了我自己对自己做出的答案。""我的人生有什么意义?"——"没有任何意义。"或者:"我的人生的结果是什么?"——"没有任何结果。"或者:"现存的一切为什么存在,我又为什么存在?"——"为了存在。"

当我向某一种人类知识提出问题时,我会得到无数确定的答案,但却答非所问:关于星球的化学成分,关于太阳向武仙星座的运动,关于物种及人的起源,关于无限小的原子形态,关于无限小而无重量的以太粒子的波动;但对于我的"我的人生意义何在"的问题,在这个知识领域中答案只有一个:

"你就是你称之为'我的生命'的东西,你就是暂时的、偶然的粒子聚合。这些粒子的相互作用、转化在你身上产生了你称之为'我的生命'的东西。这种聚合会持续一段时间;然后这些粒子的相互作用便会终止——也就是说你称之为生命的东西终止,你所有的问题也就终止了。你就是偶然黏合在一起的一个团块。团块会渐渐腐烂。团块把这个腐烂的过程称为生命。团块分解,于是腐烂过程及所有问题均告终止。"确定型科学的知识就是这样做出回答,任何别的答案也说不出来,如果它是恪守本科学原则的话。

看了这样的答案,你会觉得,这就是答非所问。我亟须知道的是我的人生意义,而你说它是无限中的粒子,这不仅没有赋予生命以意义,甚至还消灭了任何一种可能性意义。

在实验类、精确性科学的知识中带有抽象性的那一部分给出的同样是含混敷衍的说辞,其中称,人生的意义就在于发展并促进这种发展。这种晦涩和模棱两可的话算不上答案。

至于另一类抽象科学知识,当它恪守本科学原则,直接回答问题的时候,有史以来无论何时何地，它的答案都是千篇一律：世界是某种无限而无解的事物。人的生命是这个不可知的"整体"中一个不可知的片段。我还是要排除掉位于抽象科学和实验科学知识之间、构成了半科学的全部底货——即所谓法学、政治学、历史学——的那些敷衍的说辞。在这些学科中，再一次错误地引用了发展、完善的概念，只不过区别在于，原处说的是万物的发展，此处说的是人的生命的发展。但谬误却如出一辙，即认为在无限中的发展和完善既不可能有目的也不可能有方向，而对我的问题则未做出任何回答。

在正宗的抽象科学知识中，准确地说是真正的哲学，而非叔本华所说的教授哲学——这种哲学只不过把全部实存的现象按新的哲学图谱来加以分类并重新命名——在真正的哲学中，哲学家不会错过实质性问题，答案也始终如一——这就是苏格拉底、叔本华、所罗门、佛陀所给出的答案。

"我们接近真理的程度仅仅取决于我们脱离生命的程度。"苏格拉底在赴死之前说，"我们热爱真理，那么在生命中追求的是什么？——就是为了从肉体、从一切由肉体生命滋长出来的恶中解脱出来。既然如此，当死亡临近我们的时候，我们有什么理由不高兴呢?"

"智者终其一生都在寻求死亡,所以死亡在他看来并不可怕。"

"既然认识到世界的内在实质是意志,"叔本华说,"既然在一切现象中,从大自然混沌力量的无意识追求,到人类完全有意识的活动,只承认这种意志的实在性,我们就无论如何不能回避这样的结果,即伴随着意志的自愿否定和自我毁灭,所有这些现象、实在性(这世界由之而存在并存在于其中)的所有阶段上无目的、无休止的持续进取和冲动都将消亡,各种层级形式的多样性也将消亡,而与形式同时消亡的还有其带有普遍形式——空间和时间——的现象,而最终消亡的是这个现象最后的基本形式,即主体和客体。意志没有了,表象没有了,世界也没有了。当然,我们面前留下的只有虚无。但那抗拒消逝于无的就是我们的本性,也就是这个构成了我们自身以及我们的世界的生存意志(Wille zum Leben)[1]。我们之所以痛恶这个无,或者也可以说,我们之所以欲求生存,仅仅是因为我们不是别

---

[1] 德语,即"生存意志"。

的，而正是这个生命欲求本身，除此之外我们一无所知。因此，对于我们仍然意志充盈的人来说，在意志彻底寂灭之后，当然，余下的只是虚无；而与此相反，在人的身上，当意志已发生反转并自我否弃时，则对于这些人来说，我们这个如此现实的世界，包括所有的恒星以及银河星系，*即是虚无。*"

"虚空的虚空，"所罗门说，"虚空的虚空，凡事都是虚空！人一切的劳碌，就是他在日光之下的劳碌，有什么益处呢？一代过去，一代又来，地却永远长存。已有的事，后必再有；已行的事，后必再行。日光之下并无新事。岂有一件事人能指着说：这是新的？哪知，在我们以前的世代早已有了。已过的世代，无人记念；将来的世代，后来的人也不记念。我传道者在耶路撒冷做过以色列的王。我专心用智慧寻求、查究天下所做的一切事，乃知神叫世人所经练的是极重的劳苦。我见日光之下所做的一切事，都是虚空，都是捕风。我心里议论说：我得了大智慧，胜过我以前在耶路撒冷的众人，而且我心中多经历智慧和知识的事。我又专心察明智慧、狂妄和愚昧；乃知这也是捕风。因为多有智慧，就多有愁烦；加增知识的，就加增忧伤。

"我心里说：'来吧，我以喜乐试试你，你好享福！'谁知，这也是虚空。我指嬉笑说：'这是狂妄。'论喜乐说：'有何功效呢？'我心里察究，如何用酒使我肉体舒畅，我心却仍以智慧引导我；又如何持住愚昧，等我看明世人，在天下一生当行何事为美。我为自己动大工程：建造房屋，栽种葡萄园，修造园囿，在其中栽种各样果木树；挖造水池，用以浇灌嫩小的树木。我买了仆婢，也有生在家中的仆婢；又有许多牛群羊群，胜过以前在耶路撒冷众人所有的；我又为自己积蓄金银和君王的财宝，并各省的财宝；又得唱歌的男女和世人所喜爱的物，并各种乐器。这样，我就日见昌盛，胜过以前在耶路撒冷的众人。我的智慧仍然存留。凡我眼所求的，我没有留下不给它的；我心所乐的，我没有禁止不享受的。后来我察看我手所经营的一切事和我劳碌所成的功，谁知都是虚空，都是捕风；在日光之下毫无益处。我转念观看智慧、狂妄和愚昧。我却看明有一件事，这两等人都必遇见。我就心里说：'愚昧人所遇见的，我也必遇见，我为何更有智慧呢？'我心里说，这也是虚空。智慧人和愚昧人一样，永远无人记念，因为日后都被忘记；可叹智慧人死亡，与愚昧人无异！我所以恨恶生命，因为在日光之下所行的事我都以为烦恼，都是虚空，都是捕风。我恨恶一切的劳碌，就是我在日光之下的劳碌，因为我得来的必留给我以后的人。人在日光之下劳碌累心，在他一切的劳碌上得着什么呢？因为他日日忧虑，他的劳苦成为愁烦，连夜间心也不安。这也是虚空。人莫强如吃喝，且在劳碌中享福。……

"凡临到众人的事都是一样：义人和恶人都遭遇一样的事；洁净人和不洁净人，献祭的与不献祭的，也是一样；好人如何，罪人也如何；起誓的如何，怕起誓的也如何。在日光之下所行的一切事上有一件祸患，就是众人所遭遇的都是一样，并且世人的心充满了恶；活着的时候心里狂妄，后来就归死人那里去了。与一切活人相连的，那人还有指望，因为活着的狗比死了的狮子更强。活着的人知道必死；死了的人毫无所知，也不再得赏赐；他们的名无人记念。他们的爱，他们的恨，他们的嫉妒，早都消灭了。在日光之下所行的一切事上，他们永不再有分了。"[1]

---

1. 参见中文和合本《圣经·传道书》第1章、第2章和第9章。托尔斯泰所引为俄国东正教至圣宗教院通行本，其中有删节。本书译文凡《圣经》文字均据托尔斯泰所引俄译本有所调整，下同。

所罗门,或者写下这些话的人,就是这样说的。
我们来看看印度智者所讲述的内容:

释迦牟尼,一位年轻、幸福的王子,从未得窥疾病、衰老、死亡,乘车出游时看到一个可怕的老翁,没有牙齿,淌着口水。王子迄今从未得见衰老,大感惊讶,便问车夫这是什么情况,此人为何落到如此可怜、恶心、丑陋的地步?当他得知,这是所有人的共同宿命,而他,年轻的王子,不免也要走到这一步,他再也无法游历下去了,吩咐车夫回转,他要好好思索这件事。于是他独自闭门沉思。后来,他看上去是想出了某种宽慰自己的理由,便又恢复了快乐和幸福的状态,再次乘车出游。但这一次他遇到了一个病人。他看到一个枯瘦羸弱、肤色晦暗、颤颤巍巍的人,两眼浑浊。王子从未得见疾病,停下来问,这是什么情况。当他得知,这就是疾病,人人都会患病,而他,健康幸福的王子,日后也可能患病如斯,他又一次无心逸乐,吩咐回转,又一次寻求安慰,后来,他看上去是找到了安慰的理由,于是第三次乘车出游;但第三次他又看到了新的情景。他看到,人们抬着一物在走。"这是什么?""死人。""死人是什么意思?"王子发问道。

人们告诉他,成为死人就是成为这个人所成为的样子。王子走近死人,掀开布端详他。"他接下来会怎样?"王子问。人们告诉他,会把他埋在地下。"为什么?""因为他笃定再也不能成为活人,而只会从他身上生出恶臭和蛆虫。""这也是所有人的宿命吗?我将来也会这样吗?也会把我埋掉,我身上也会生出恶臭,蛆虫也会啃噬我吗?""是的。""回去吧!我不游玩了,而且永不再出游。"

释迦牟尼在生活中再也找不到安慰,所以他断定,生命就是最大的恶,他要尽全部精力以解脱生命,并帮助他人解脱。解脱的目的是:死后的生命再也不能复生,让生命彻底消亡、被根除。这就是全部印度智慧所讲述的道理。

以下是人类智慧在解答人生问题时所给出的一些直接答案。

"肉体生命就是邪恶与虚假。因此,这种肉体生命的消亡就是幸福,我们应当期盼这个时刻到来。"苏格拉底说。

"生命是本不应有的存在,是恶,转化为虚无是生命唯一的幸福。"叔本华说。

"世间万物——不分愚智、贫富、苦乐,皆是虚空，无足轻重。人死便所余无物。此即荒谬。"所罗门说。

"人但知苦痛、退化、衰老及死亡，便无法生活。当从生命中，从生命的各种可能性中解脱自我。"佛陀说。

这些伟大贤哲所说的话，有千百万像他们一样的人都说过、想过、感受过。我也在这样想，这样感受。

我在各种科学知识中徘徊，不仅没有把我引出绝望的境地，反而让我越陷越深。一种知识没能回答人生问题，另一种知识虽然做出了回答，却直接印证了我的绝望，并表明，我之所以落到如此地步，不是我陷入迷误、大脑病态的结果；相反，这种状态正说明我的想法是对的，跟人类最伟大的贤哲们的结论相符。

没有什么可自我欺骗的了。一切都是虚空。凡未降生者有福了，死胜于生；人必当从生中解脱。

七

在科学知识中找不到解释,我便开始在生活中寻求解释,期望在我身边的人那里能有所获。于是我开始观察我周围那些跟我一样的人怎样生活,看他们怎样对待那个让我陷入绝望境地的问题。

在受教育程度和生活方式与我处于相同境况的人身上,我发现的结果如下。

我发现,对我这个圈子里的人来说,摆脱我们全都置身其中的可怕处境的出路有四条。

第一条出路是无知。这就是说,对生命就是恶和荒谬这个问题不知道、不探究。这一类人大部分是女人,或者还很年轻的人,或者愚不可及的人,他们还不理解叔本华、所罗门、佛陀曾面临的那个人生问题。他们既看不见等着要吃掉他们的龙，也看不见啃咬他们所悬挂的树枝的老鼠，只是在舔着蜜滴。但他们舔这些蜜滴的时间是有限的，一旦他们注意到龙和老鼠，他们的舐也就到头了。从他们身上我学不到什么，我既然已经知道了，就不能装作不知道。

第二条出路是伊壁鸠鲁主义。这条出路的做法是，知道生命无望，便暂且享受现有的幸福日子，既不看龙，也不看老鼠，而是用最舒服的方式来舔蜜，尤其是如果灌木上淌下很多蜜滴的时候。所罗门对这条出路的表述是：

"我就称赞快乐，原来人在日光之下，莫强如吃喝快乐；因为他在日光之下，神赐他一生的年日，要从劳碌中，时常享受所得的。

"你只管去欢欢喜喜吃你的饭，心中快乐喝你的酒。……当同你所爱的妻，快活度日，因为那是你生前在日光之下劳碌的事上所得的。凡你手所当做的事，要尽力去做，因为在你所必去的阴间没有工作，没有谋算，没有知识，也没有智慧。"

我们圈子里的大多数人所遵循的是第二条出路。他们所拥有的条件使他们的幸福多于困厄，而精神上的愚钝又使他们更容易忘记，他们优裕的境况是偶然的，不可能所有人都像所罗门那样拥有一千个女人和相应的宫殿，如果一个男人娶到一千个妻子，就会有一千个男人没有妻子，一座宫殿要有一千个人付出汗水来建造它，一个偶然事件今天让我成为所罗门，明天就可能让我成为所罗门的奴隶。这些人想象力的迟钝使他们更容易忘记，导致佛陀失去安逸的原因是疾病、衰老和死亡，它们迟早会将这些逸乐毁掉，而人难逃宿命。这些人有的确信，他们思维和想象力的迟钝乃是一种哲学，他们称之为务实哲学。但依我看，这并不能把他们与那些看不出问题、兀自舔蜜的一类人区别开来。对这类人我也无法仿效：我的想象力不像他们那样迟钝，也不能假装要把这种迟钝安到自己身上。像任何一个活生生的人一样，我既然看见了老鼠和龙，就无法把目光从它们那里移开。

第三条出路是靠勇气和毅力。这就是说，既然明白了生命就是恶与荒谬，那就消灭它。采取这种做法的是为数不多内心强大而始终不渝的人。当他们明白了在他们身上发生的就是一个愚蠢的玩笑，当他们明白了死者的幸福更胜于生者的幸福，而最佳状态就是不存在,这时,他们就会立刻结束这个愚蠢的玩笑,幸运的是办法很多:套索自缢、投水、刀刺心脏、卧轨。我们圈子里的人采用这种方式的越来越多。他们大部分人都是在人生最佳阶段这样做,心灵的力量正处于鼎盛时期,几乎还没有形成贬抑人类理性的习惯。我发现,这是最可取的出路,我也打算这样去做。

第四条出路是示弱。这就是说,明白了生命之恶与荒谬,而继续勉强度日,虽然知道往后的生活也不会有什么结果。这一类人知道死胜于生,但在理智上无力采取行动——尽快结束这场骗局,自杀——而是仿佛还有什么可期待的。这就是示弱的出路,既然我知道了最佳选择,而又力所能及,那为什么不向这最佳方案屈服呢?……我就属于这一类人。

我们这一类人就是通过这四种途径来摆脱可怕的困境。不管我怎样费尽心力,除了这四种出路,我还没有发现其他的。一种出路是不理解生命就是荒谬、虚空和恶,不理解最好的办法是放弃生命。而我对此早已心知肚明,既然搞清楚了,就无法再视而不见。另一条出路是享受生命的现有状态,不去考虑未来。这我也做不到。我就像释迦牟尼一样，既然已经知道有衰老、病痛、死亡，就不能再出游行猎。我的想象力过于活跃。除此之外，我无法为那带给我一份瞬间享乐又倏然消逝的偶然性感到高兴。第三条出路是在意识到生命即是恶与荒唐之后，就终止它，自杀。我明白这个，但不知为何一直没有自杀。第四条出路是生活在所罗门、叔本华的境况之中——懂得生命就是发生在我身上的一个荒唐的玩笑，但仍旧生活下去，洗浴、穿衣、吃饭、说话，甚至著书立说。这让我厌烦、痛苦，但我还是保持这种状态。

如今我看清了，我之所以没有自杀，原因是我模糊地意识到我的那些想法不对。我觉得，我的思路和引导我们承认生命荒谬的贤哲们的思路都是确切无疑的，尽管如此，我心里对于自己论断的出发点是否正确还是存在些许疑虑。

情形是这样的：我，我的理性承认，生命是非理性的。如果没有一个最高理性（而它是没有的，也没有任何东西能证明它存在），那么对我而言，理性就是生命的造主。假如没有理性，那么对我来说也就没有生命。但为什么这个理性要否定生命，而它本身就是造主？或者从另一个角度说，如果没有生命，也就没有我的理性——这就是说，理性是生命之子。生命就是一切。理性是生命的产物，而这个理性又否定生命本身。我感到这里面还是有些讲不通。

"生命就是荒谬之恶，这一点无可置疑。"我对自己说。但我生活过，还在生活，整个人类都生活过并继续生活。为什么会这样？人类本不必存在，那为什么还会存在？难道只有我和叔本华如此智慧，能够明白生命的荒谬与恶？

有关生命虚空的论断并不那么深奥，有史以来所有的普通人都提出过，但他们还是活着，继续生活。难道他们全都这样活着而从未想到去质疑生命的合理性吗？

我的认识被贤哲们的智慧所印证，这种认识给我的启示是，世间万物——有机物和无机物——都按照一种非凡的构想所造成，而唯有我处境荒唐。那么这些傻瓜——无以计数的芸芸众生——对有机和无机的世间万物如何构造一无所知，可他们活着，并觉得他们的生命构造十分合理！

我脑子里产生过这样的想法：是不是我对某些东西还有所不知？因为无知的表现就是这样的。无知就会这样说话。因为无知不懂某些事，就会说，它所不知的东西就是愚蠢。而实际情况正是如此，人类整体曾经存在并一直存在，它似乎是明白其生命意义的，因为如果不明白这一点，它就无法存在。而我却说这个生命全都是荒谬的，所以我就无法生存下去了。

任何人也不能妨碍我们像叔本华一样对生命加以否定。那么，你就去自杀吧——也就用不着讨论了。你不喜欢生命，就去自杀。而你活着却不能理解生命的无意义，那就终止生命吧，不要在这个生命中兜圈子了，还不断地诉说、写作，说你不能理解人生。如果你加入一个快乐团体，大家都感觉良好，都知道他们在做什么，而只有你感到乏味和厌烦，那你就离开。

的确，实际上我们既坚信自杀是必要的，又不能决然付诸行动，这与那些软弱至极、表里不一的人，或者不客气地说，与那些冥顽不化的蠢人，与那种只为吃喝而忙碌的傻瓜有什么区别？

的确，无论我们的智慧具有怎样无可置疑的真确性，却未能让我们领悟我们的人生意义。而从形成生命的整个人类、千百万人的角度来看，他们却并不怀疑生命的意义。

实际上，从很久很久以前，当生命（我对它已有些许了解）开始存在的时候，人们在生活中就已接触到对生命虚幻问题的论断，这些论断向我证明了生命的荒谬，然而人们却一直生存着，并赋予生命以某种意义。从人们开启某种生活的时刻起，他们身上已经有了这种生命的意义，他们一直延续着这种生活，传递到我这里。我身上及我身边所有的一切，都是他们生活知识的结晶。我用以讨论这种生活并指摘它的这些思想武器，全都不是我自己，而是他们创造出来的。我的出生、受教育、成长，都有赖于他们。他们采掘出铁，教会人们伐木，驯养了奶牛、马，教会人们耕种，教会人们群居生活，安排我们的生活秩序；他们教会了我思考、说话。而我呢，作为他们的作品，受他们哺育，受他们教导，用他们的思想和语言进行思考，却向他们证明，他们——毫无意义！"这里有问题，"我对自己说。"我不知在哪儿出了错。"但错误在哪里，我怎么也找不到。

八

现在我或多或少能连贯地把这些疑问表达出来，而当时我还讲不清楚。那时我只是觉得，我的那些有关生命虚幻的结论，虽然被最伟大的思想家们所印证，从逻辑上说也是必然的，但其中总还是有些地方讲不通。是推论本身还是问题的提法有毛病，我搞不清；我只是觉得，这些合理的推论是有足够说服力的，但还存在缺陷。所有这些论据还不能使我坚定信心，去实现我所推导出来的想法，即自杀。如果说，我是靠着理性做出这个推论，因此没有自杀，那我是在说谎。理性是起了作用，但还有另外一个东西也起了作用，别的名字我想不出来，只能叫它生命意识。起作用的还有吸引我关注某一点而忽略其他问题的一种力量,正是这种力量把我从绝望的境地中拉出来,并把理性引向完全不同的方向。这种力量使我注意到,我和跟我类似的那几百号人还算不上全人类,而对整个人类的生活我还并不了解。

当我审视我的同龄人这个狭隘的小圈子时,我看到的都是些未能理解这个问题,或理解了却又以醉生梦死的方式遮蔽掉这个问题的人,还有理解了这个问题而终止生命的人,以及理解了这个问题却因为软弱而仍旧过着无望生活的人。其他类型的人我还没有发现。那时我觉得,这个我所属的由有学识的人、富人以及有闲阶层组成的小圈子就是整个人类,而亿万万曾经生存过和仍在生存着的人就是**他们**,都是一些牲畜,而不是人。

无论现在我怎样感到诧异,感到难以置信,而当时我就是这样做的,即在推论生命的过程中,忽略掉我周围四面八方所有人的生命。甚至我竟然荒唐到如此可笑的地步,竟然认为,我的生命、所罗门及叔本华的生命,才是本该有的、正常的生命,而那亿万万人的生命形态不值得关注。无论我现在怎样感到诧异,我还是看清了,当时我就是这样。

处在内心骄傲的错觉之中，我当时毫不怀疑，我和所罗门、叔本华提出的问题是千真万确的，不可能有任何其他的选项。我坚信不疑，所有那些亿万万人都属于尚无法领悟这个问题全部内涵的人，而我寻找着自己人生的意义，却一次也没有想到："曾在这世上生存和仍在生存着的亿万万人，他们过去和现在为自己的人生赋予了什么样的意义？"

我长时间处在这种疯狂的状态，这种状态是我们这些极端的自由派和有学识的人并非在口头上，而是在实际行动上所特有的。但我对真正的劳动人民有一种奇怪的生理上的爱，是这种爱让我理解了他们，并看到，他们并不像我们所以为的那样愚蠢；此外，我有一种真诚，真诚地确信，我什么也搞不懂，只知道我能做到的最佳方案就是投缳自尽。有赖于上述这种爱，或者这种真诚，我意识到，如果我想生存并理解生命的意义，就不应从那些已经丧失了生命意义并想要自杀的人那里，而是从亿万万曾经生存和仍在生存着的人那里去寻找这种生命意义，因为是这亿万万人形成了生命，并在自身承载着他们和我们的生命。我回过头来仔细观察这些曾经生存和仍在生存着的普通大众，我从他们身上，而不是从那些有学识、有钱财的人身上,发现了完全不同的情况。我发现,这亿万万曾经生存和仍在生存着的人,除了个别例外,都不符合我的分类,我不能把他们归入没有理解人生问题的一类人,因为这个问题就是他们提出来的,并对其做出了非常明确的回答。我也不能把他们归到伊壁鸠鲁派里去,因为他们的生活更多的是贫困和苦难,而不是享乐;我更不可能把他们归到非理性地过着无意义生活的那一类人中去,因为他们对生活中的每一个行为以及死亡本身都有明确的解释。并且他们认为自杀是一种莫大的恶。由此可见,整个人类对于生命的意义都已具有某种我无法认清却给予蔑视的知识。可我的结论却是,理性知识并不能指明生命的意义,反而排斥生命;而亿万万人,整个人类给生命带来的意义,却成了建立在某种可鄙的虚假知识之上的东西。

在那些有学识的哲人那里,理性知识是对生命意义的否定,而普通大众,整个人类,是借助于非理性知识来肯定这种意义的。这种非理性知识就是我当初不得不抛弃的宗教信仰。这就是三位一体上帝,这就是六日创世,魔鬼与天使,以及在我没有丧失理智的时候不能接受的一切。

　　我的境况很糟糕。我知道，在理性知识的道路上，除了对生命的否定，我什么也找不到，而在那种信仰中，则除了对理性的否定之外什么也没有，而这比否定生命更不可行。根据理性知识得出的结论就是，生命即恶。人们知道这一点，是否生存取决于人，而人们以前生存过，现在仍在生存，我自己也在生存，尽管我早就知道生命没有意义，生命即恶。根据信仰所得出的结论是，为了理解生命的意义，我必须舍弃理性，而对于理性来说，追求意义又是势在必行。

九

矛盾产生了,出路只有两条:要么是我称之为理性的东西,并非如我所想的那么合乎理性;要么是我认为非理性的东西,并非如我所想的那么不合乎理性。于是我开始检验我的理性认知的推论过程。

通过检验我理性认知的推论过程,我发现它完全正确。有关生命即是虚无的结论不可避免;但我看到了一个错误。错在我的思路与我所提出的问题并不相符。问题是这样的:为什么我要活着?也就是说,从我虚幻的、行将消亡的生命中会产生什么实在的、不灭的东西吗?在这无限的世界中,我有限的存在意义何在?我研究生命,就是为了回答这个问题。

针对有关生命的所有可能性问题的解决方案，显然不能令我满意，因为尽管我的问题初看起来很简单，但却要求用无限来解释有限，以有限来解释无限。

我曾经问：我的生命超越时间、超越因果关系、超越空间的意义是什么？而我曾经这样回答：那我的生命在时间、因果关系和空间上的意义又是什么？结果是，经过长时间的艰难思索，我回答道：没有任何意义。

在我的推论中，我一直是把有限的等同于有限的，把无限的等同于无限的，当然我也不能不这样做，这样做的结果就是必然得出如下结论：力就是力，物质就是物质，意志就是意志，无限就是无限，虚无就是虚无，再进一步就无法得出任何结论了。

这有点像数学中常有的情况，你想解一个方程式，但解的是恒等式。思维过程是对的，但结果得出的答案是：$a=a$，或者 $x=x$，或者 $0=0$。我在就我的人生意义问题进行推论的过程中发生的正是这种情况。全部科学对这个问题给出的答案只有恒等式。

事实上，严格的理性知识，就像笛卡尔所创立的那种，从彻底怀疑一切开始，抛弃任何一种被设定为信仰的知识，将全部知识在理性与经验的法则之上加以重建，这样就无法对生命问题给出别的答案，而只有我所得到的那个答案——那个不确定的答案。起初我一味地认为，知识已经给出了肯定的答案——叔本华的答案：生命没有意义，生命即恶。但经过仔细研究，我明白了，这不是一个肯定的答案，只是我的感觉把它表述成那样。而一个表述严谨的答案，一旦由婆罗门教徒、所罗门、叔本华表达出来，就只能成为一个不确定的答案，或者成为一个恒等式：0=0，生命被我视为虚无，即是虚无。所以说，哲学知识什么也没有否定，只是回答：这个问题它无法解答，在它这里，答案永远是不确定的。

明白了这一点，我也就明白，不能在理性知识中寻找我的问题的答案，理性知识所给出的答案仅仅表明，只有把问题换一种提法，只有当推论中引入有限与无限之关系的问题时，才能得出答案。我明白，宗教信仰所给出的答案无论多么有违理性、多么荒谬，却具有一个优点，即在每个答案中都涉及有限与无限的关系，否则就不可能有答案。无论我怎样提出问题：我如何生活？答案永远是：按照上帝的律法。我的生命会得出什么实在的东西？答：永恒的苦难或永恒的福祉。不因死亡而消亡的意义是什么？答：与永恒的上帝相结合，天堂。

这样来看，除了我原先视为唯一知识的理性知识，我不得不承认，整个现存的人类还有着另外一种知识，非理性知识——宗教信仰，它给人提供生存的可能性。信仰的全部非理性在我看来仍然和以前一样，但我也不能不承认，唯有它对人生问题给出了答案，有了这个答案，生存才成为可能。

理性知识引导我承认生命是荒谬的，我的生命就停止了，于是我想到了自我毁灭。观察一下这些人，以及整个人类，我看到，人们生存着，而且确信他们懂得人生的意义。回头再看看自己：我活着，暂且还算知道人生的意义。无论是其他人，还是我自己，都是宗教信仰赋予了人生意义和生存的可能性。

接下来再观察一下其他国家的人，包括我的同时代人和前代的逝者，我所看到的别无二致。哪里有生命，哪里就有信仰，自人类存在，就是信仰赋予人以生存的可能，而信仰的主要特征无论何时何地都是同样的。

无论是哪一种信仰，无论它给何人做出何种答案，信仰的任何一个答案都会赋予人的有限存在以无限存在的意义，这种意义将不因病痛、贫困及死亡而消亡。也就是说，在一种信仰中就能找到生命的意义及可能性。于是我明白，信仰就其最本质的意义而言不仅是"对无形之物的揭示"等，或者是启示（这只是对信仰特征之一的描述），不仅是人与上帝的关联（必须先确立信仰，然后才有上帝，而不是通过上帝来确立信仰），也不仅是对人们已知的、素常所理解的信仰概念的赞同。信仰，乃是有关人生意义的知识，有了这种知识人就不会自我毁灭，而是生存下去。信仰是生命的力量。人只要生存，他就会有所信仰。如果他不信仰他必须为之而生存的东西，那么他就不会生存下去。如果他看不到也不理解有限存在的虚幻性，他信仰的就是这种有限存在；如果他理解了有限存在的虚幻性，他必然会信仰无限存在。没有信仰就不能生存。

回顾我内心活动的整个过程，让人感到惊恐。如今我搞清楚了，人为了生存下去，要么看不到无限，要么把生命意义解释为有限等同于无限。我也曾做过这样的解释，但在我信奉有限的时候我不需要这种解释，于是我又用理性来检验它。在理性之光的照耀下，此前的一切解释都化为泡影。但终于有一天，我不再信奉有限。于是我尽我所知开始在理性原则之上建构一种针对生命意义的全新解释，然而却一无所获。与人类那些最优秀的大脑一样，我得出的结论就是0=0，并且对得出这样的答案还大为惊诧，而在当时，其他任何答案也无法得出。

当我在实验科学知识中寻找答案的时候，我是怎样做的呢？我想要弄清我为什么生存，为此我去研究除了我自己之外的一切事物。结果是，我可以获得很多知识，却没有任何我所需要的东西。

当我在哲学知识中寻找答案的时候，我是怎样做的呢？我去研究那些与我处在同样境况中的人，还有那些对"我为什么生存"这一问题找不到答案的人，看他们有哪些思想。结果是，除了我自己知道的那些，其他的我一无所获，也不可能了解到什么。

我是什么？是无限的一部分。要知道，"无限的一部分"这几个字里已经包含了全部答案。难道这个问题是人类从昨天才提出来的吗？难道在我之前从未有人对自己提出过这个问题——这个如此简单、凡聪明孩子都能脱口而出的问题吗?

实际上这个问题自人类存在的那一天就已经提出来了,并且自人类存在的那一天起就很清楚,为了解答这个问题,把有限的等同于有限的、把无限的等同于无限的,同样都是不够的。并且自人类存在的那一天起,无限与有限的关系就已经被发现并讲述了出来。

对所有这些概念,包括把有限与无限相等同而得出生命意义的概念,有关上帝、自由、善的概念,我们都要做逻辑推论上的研究。但这些概念都经不起理性的批判。

我们像孩子满怀骄傲、扬扬自得地拆卸钟表一样,把发条取出来,拿它做玩具,此后又感到奇怪,钟表为什么不走了。这种情形即使不是很可怕,也是很可笑的。

我们应当不惜代价去解决有限与无限之间的矛盾,找到针对"生命如何可能"这类人生问题的答案。而我们自古至今在世界各地所有民族那里所能找到的唯一答案,就是那种在我们可以追溯到人类生命迹象的时间长河中结晶出来的答案,这种答案是如此难得,我们不可能再提出任何类似的答案了。

但正是这种答案却被我们轻率地毁弃了,为的是要再次提出那个所有人固有而我们未能回答的问题。

有关上帝无限、灵魂具有神性、俗务与上帝的关系方面的观念,有关道德之善与恶的观念——都是在逐渐消逝于我们眼前的人类生命历史长河中结晶出来的观念,没有这些观念,就不会有生命和我自身,而我却抛开了整个人类所做出的这项劳动成果,想要独自一人去按照新的、独出心裁的方式寻求答案。

当时我还没有去这样思考,但这些想法的萌芽已在我心中产生。我明白:1.我与叔本华、所罗门的立论是愚蠢的,尽管我们很聪明:我们把生命理解为恶,却继续生存。这显然是愚蠢的,因为,如果生命是愚蠢的,而我又这样热爱所有理性的存在,那就应当消灭生命,也就用不着谁来否定它了。2.我明白,我们的所有推论都是在一个迷魂阵中兜圈子,就像一只失去齿轮制动的轮子。无论我们推论得多么漂亮,就是无法得出问题的答案,永远都是0=0,由此可见,我们的路径是错误的。3.我开始理解,在信仰所给出的那些答案中,蕴含着人类最深刻的智慧,而最主要的是,只有这些答案才能回答生命问题。

十

我明白了这些,但并未因此而感到轻松一些。

现在我愿意采纳任何一种信仰,只要它不要求我直接否定理性,因为否定理性就可能是谎言。于是我读佛教和伊斯兰教的书,来研究它们,而更多是读基督教的书,并通过观察我周围这些活生生的人来研究它。

当然,我首先求助于我圈子里的信徒、有学识的人、东正教神学家、修士长老、新派东正教神学家,甚至宣扬因信称义的新教信徒。我抓住这些信徒便刨根问底,问他们为什么会有信仰,在哪里可以找到人生意义。

尽管我做出了尽可能的让步,避免任何争论,我还是不能接受这些人的信仰。我发现,他们所引以为信仰的东西并不是对人生意义的一种阐明,而是一种遮蔽,他们自己坚称,其信仰不是为了回答那个将我引向信仰的人生问题,而是为了其他某些我所不知的目的。

我还记得在失望之余惧怕回到原先绝望境地的痛苦感受,这种感受我在与这些人的交往过程中曾反复地多次体验过。他们越是不厌其烦向我阐述他们的信条,我就越能更清楚地看到他们的谬误,也就更加失去了在他们的信仰中找到对生命意义的解释的希望。

这并不是说,在他们对其信条的阐述中把许多不必要和非理性的东西与我过去一直密切接触的基督教真理混杂在一起。不是这个让我疏远他们,让我疏远他们的原因是,这些人的生活与我的生活是一样的,区别仅仅在于,这种生活与他们在其信条中所阐述的原则本身并不相符。我清楚地感受到他们在自我欺骗,他们和我一样没有其他人生意义,只是能活着就活下去,抓住一切能到手的东西不放。我之所以能发现这一点,原因是,如果他们获得了那种可以消除对贫困、病痛和死亡的恐惧的人生意义，那么他们就不会再惧怕这些。然而他们，我圈子里的这些信徒，与我完全一样，生活在奢侈之中，努力提升或维持这种奢侈状态，惧怕贫困、病痛、死亡，而且他们也像所有我这类没有信仰的人一样，为了满足淫欲而活着，他们的生活即使不比非信徒更差，起码也同样糟糕。

无论什么样的推论也无法让我判定他们的信仰符合真理。要看他们是否获得了人生意义，有了这种意义，那些让我感到恐惧的贫穷、疾病、死亡才不会让他们感到恐惧，只有看到能够证明这一点的行为，才能让我信服。但在我们圈子里这些具有不同信仰的人中间，我没有发现这种行为。相反，在我们圈子里那些非信徒中间，我却看到了这样的行为，而在我们圈子里那些所谓信徒中间却从未发现。

于是我明白，这些人的信仰并非我曾经寻找过的那种信仰，他们的信仰不是信仰，而只是生活中伊壁鸠鲁式安慰的一种形式。我明白，这种信仰对于在做临终忏悔的所罗门来说，或许即使不算安慰，也是一种转移注意力的方式，但对于那些生来不是为了消遣、享受他人劳动，而是要建设生活的人类大多数来说，这种信仰却无法适用。为了全人类能够生存，为了将这生命延续下去，需要赋予它意义，在他们，这亿万万人那里，必然存在信仰的另一种真正的知识。要知道，让我确定信仰存在的，并不是我与所罗门和叔本华没有自杀这件事，而是亿万万人曾经生存且至今仍在生存，并以他们的生命浪涛带动我和所罗门们前进的事实。

于是我开始接近那些贫穷、平凡、没有学识的信徒，以及朝圣者、修士、分裂派教徒、农夫。这些出自大众的人的信条，与我们圈子里那些伪信徒的信条一样，都是基督教的信条。与基督教真理掺杂在一起的也有非常多的迷信，但区别在于，我们圈子里这些信徒的迷信是他们完全不需要的，与他们的生活并无联系，而只是某种伊壁鸠鲁式的逸乐；而那些劳动大众出身的信徒的迷信是在一定程度上与他们的生活相联系的，以至于他们很难想象自己的生活会没有这些迷信——因为这些迷信是他们那种生活的必要条件。我们圈子里信徒们的全部生活与他们的信仰正相矛盾，而那些身为劳动者的信徒的全部生活都在证明，信仰知识赋予了生活以意义。于是我开始考察这些人的生活和信仰活动，我考察得越深入，就越发深信，他们有着真正的信仰，他们的信仰对他们而言必不可少，而只有这种信仰才能给他们带来生活的意义和可能性。在我们圈子里我看到，这里没有信仰也可以生活，一千人中几乎没有一个认定自己有信仰，而与此相反，在上述那些人的环境中，一千人当中差不多只有一个没有信仰的。在我们圈子里我看到，这里全部的生活都是在安闲、逸乐和对生活的抱怨中度过的，而与此相反，那些人的全部生活都是在繁重的劳动中度过的，并且比起富人们来，他们很少抱怨生活。我们圈子里的人会因为遭遇困苦和病痛而对命运表示抗拒和愤怒，而与此相反，那些人则接受疾病和悲苦，不表现任何疑惑和抗拒，而是表现出平静和坚定的信念，相信所有这一切都是必然的，不可能有别的样子，这一切都是善。我们这些人越聪明，就越不理解人生意义，并把我们的病痛和死亡视为某种恶的嘲弄，而与此相反，那些人生活、承受病痛并安详地、常常满怀欣悦地走近死亡。安详的死亡，不带恐惧和绝望心理的死亡，在我们圈子里是极为罕见的例外，而与此相反，在劳动大众之中，惶恐不安、不甘驯服、满怀愁苦的死亡是极为罕见的例外。像这样被剥夺了在我们和所罗门看来是生活唯一福祉的东西，并在这种境况下体验着极大的幸福的人，多得数不胜数。我再扩大一些观察范围。我考察了大量古人和今人的生活。我发现，那种领悟了人生意义、善于生活和迎接死亡的人，不是两个、三个、十个，而是数百、数千、数百万。而所有这些在性情、智力、教育、地位上千差万别的人，其相同的是，与我的无知完全相反，他们都懂得生与死的意义，默默地劳作，忍受着贫困和病痛、生存、死亡，从中看到的不是虚空，而是善。

于是我爱上了这些人。对这些仍在世的人的生活，和我从书本及传闻中了解到的、曾过着同样生活的逝者的人生，我了解得越深入，就越爱他们，而我自己也就活得越轻松。我这样生活了约两年的时间，在我身上产生了巨变，这种变化在我心中酝酿已久，而它的基因其实一直在我身上存在着。在我身上发生的这种变化是，我们的圈子——富人、有学识的人——不仅让我生厌，而且失去了任何意义。我们所有的行为、议论、科学、艺术——这一切都被我视为无病呻吟。我明白了，要在这些东西里面寻找意义是不可能的。而那些建设生活的劳动大众的行动，才是我心目中唯一真正的事业。同时我也明白了，由这种生活所赋予的意义才是真理，我接受它。

十一

回想当初,看到那些信奉某种宗教信仰的人却过着与该信仰相悖的生活,我就拒斥这种信仰,觉得它毫无意义,而当我看到那些生活在同一种信仰之中的人时,这种信仰就吸引了我,在我心中就成了合乎理性的信仰——回顾这些,我才明白为什么我当初拒斥这种信仰,又为什么认为它毫无意义,而如今我又接受了它,并认为它饱含意义。我明白了,我走错了路,以及为什么走错了路。我走错路的原因与其说是思想不正确,不如说是生活败坏。我明白了,真理对我大门紧闭与其说是因为我的思想错乱,不如说是因为我把生活本身置于伊壁鸠鲁主义、满足淫欲的特殊境况之中。我明白了，如果我提出问题："我的生命是什么?"而回答是："恶。"——这完全正确。错误只在于，我以仅适用于我本人情况的答案去解释普遍生命：我问自己"我的生命是什么"，答案就是"恶与荒谬"。的确，我的生命就是放纵淫欲的生命，就是荒谬与恶，所以答案就是"生命即恶与荒谬"，它所针对的只是我的生命，而非人类的普遍生命。我明白了这样一个真理——后来我在福音书中又发现了它，即人爱黑暗胜于爱光明，原因是他们所做的事是恶的。因为"凡作恶的便恨光，并不来就光，恐怕他的行为受责备"[1]。我明白了，为了理解人生意义，首先要让生命摆脱荒谬与恶，其次就是要凭借理性去理解生命。我明白了我如此长久地徘徊在这个显而易见的真理周边的原因，如果你要思考并谈论人类的生活，就要谈论和思考整个人类的生活，而不是几个寄生虫的生活。这个真理永远都是真理，就像2×2=4一样，但那时我不承认它，因为如果我承认了2×2=4，我就不得不承认我是坏人。而自命为好人对我来说比承认2×2=4更重要，也更必要。而当我爱上好人，

---

1. 参见和合本《圣经·约翰福音》3：20。

对自己心生厌恶的时候，才开始承认真理。如今一切对我来说都清楚了。

如果有一个一生都伴着酷刑和斩首度日的刽子手，或者一个醉生梦死的酒鬼，或者一个一生枯守暗室、粪污满地、想象自己外出必死的疯子——如果他们都问自己：生命是什么？显然，他们除了用"生命就是莫大的恶"来回答"生命是什么"的问题之外，不会得出第二个答案。用这个答案答复疯子想必完全正确，但也仅是对他而言。如果我就是这样的疯子，那会怎样？而如果我们这些人，富人、有学识的人，都是这样的疯子，又会怎样？

我明白了，我们的确就是那样的疯子。起码我自己无疑就是那样的疯子。现实的情况就是，鸟活着必须要飞、采集食物、筑巢，当我看到鸟做这些事的时候，我为它的快乐而快乐。山羊、兔子、狼活着就必须要觅食、繁殖、养活自己的家，我坚信，当它们做这些事的时候，它们是幸福的，它们的生活是合乎理性的。那么人应当怎样做？人也应当想法谋生，就像动物一样，但唯一的区别是，如果他只是独自谋生，就会死亡。因此他不应只是为自己，而是应为所有人谋生。我坚信，当他这样做的时候，他是幸福的，他的生活是合乎理性的。那么在我这30年已有成年人意识的生活中我又做了什么呢？我不仅没有为所有人谋生，就是为自己谋生也一事无成。我过着寄生虫的生活，当我向自己提出"我为何而生"的问题时，得到的答案是：什么也不为。如果说人生的意义就在于谋生，而我30年来所从事的不是谋生，而是扼杀自己和别人的生命，如此一来，我除了得出"我的生命就是荒谬与恶"这个答案，还能有别的吗？我的人生确曾是荒谬与恶。

宇宙生命是依照某个人的意志实现的，创造这个宇宙生命以及我们的生命是这个人的一项事业。要想理解这种意志的意义，首先必须去执行这个意志——去做我们被期望做的事。而如果我不照这个期望去做，就永远无法理解对我的期望是什么，更不必说理解对我们所有人以及整个世界的期望。

如果把一个赤身裸体、饥肠辘辘的乞丐从十字路口拉来，到一个漂亮田庄的一个棚子里，给他吃喝，让他上下摇动一根杠杆，那么显然，在弄清为什么拉他来、为什么摇杠杆、整个居所建造得是否合理之前，乞丐得先摇动杠杆。只要他摇动杠杆，就会明白，这根杠杆在推动唧筒，唧筒抽上水来，水流入田垅；然后他从这个井棚被领到另外的地方做事，他来采果子，分享此地主人的快乐，并从下人做的事转做上层的事，慢慢慢慢了解了整个田庄的安排，并参与其中，但他从未想到要问一下，他为什么会在这里，当然更不会去责怪主人。

同样，那些执行主人意志的普通人、劳动者、没学识的人，还有那些被我们视为牲畜的人，是不会责怪主人的；而我们这些聪明人，吃要吃主人所有的一切，做却不做主人期望我们做的事，不仅如此，还要凑在一起发议论："为什么这个东西要用杠杆？这多愚蠢。"我们脑子里想到的就是这样。想到的是主人愚蠢或者并不存在主人，而我们是聪明的，只是觉得无所适从，所以一定要想法自我解脱。

十二

意识到理性知识的错误,帮助我摆脱了休闲式空谈的诱惑。确信只有在生活中才能找到真理的知识,激发我开始怀疑我生活的合理性;但使我获得救赎的是,我成功突破了自己的特殊地位,看清了真正的普通劳动者的生活,并意识到这才是唯一具有实际意义的生活。我明白了,如果我想要理解生活及其意义,必须摆脱寄生虫的生活,而要过有实际意义的生活,一旦领悟了这种由真正的人类给生活带来的意义,并融入这种生活,才能去检验这种意义的正确性。

就在这段时间,我身上出现了以下情况。有整整一年之久,我几乎时刻都在问自己:要不要用绳索或子弹终结生命？这段时间内，伴随着上述我的思考和观察，我的心灵也受到一种痛苦情感的折磨。这种情感我无法命名，只能称它为寻找上帝。

我要说，这个寻找上帝的过程不是推论，而是感觉，因为这种寻找不是出于我的思想发展——它甚至与我的思想直接矛盾——而是从心灵中生发出来的。这是一种身处完全陌生的环境、渴望救助的恐惧、孤苦无依的感觉。

尽管我确信上帝存在不可证明（康德向我证明过，我也完全明白他，要证明这一点是不可能的），但我还是要寻找上帝，并希望能够找到，于是我按照旧的习俗，向这个我寻找而未找到的对象祈祷。一会儿我把康德和叔本华有关上帝存在不可证明的论据在我头脑中加以检验，一会儿我又开始推翻它们。我对自己说，原因是思维范畴的不同，就像空间与时间。如果我存在，那么就有存在的原因，以及原因的原因。而这个总的原因就是我们所说的上帝；于是我停留在了这个想法上，殚精竭虑去领悟这个原因的存在。一旦当我意识到存在着一种力，我就处于这种力的控制之下，马上我就感觉到了生命的可能性。但我还是问自己："那么这个原因，这种力到底是什么？我怎样去理解它，我又怎样去对待这个我称之为上帝的事物？"这时只有我所熟悉的答案出现在脑海中："他就是造物主、庇护者。"这些答案不能令我满意，并感觉到，我为了生存而需要的东西在我身上消失了。我陷入恐惧之中，开始向我所寻找的对象祈祷，希望他能帮助我。可是我越祈祷，我就越是觉得，他根本听不到我，而且并不存在任何我可以求助的这种对象。想到上帝始终找不到，我在心中绝望地说："主啊，怜悯我，拯救我！主啊，给我教诲，我的上帝！"但没有谁怜悯我，于是我感到我的人生停止了。

但我一次又一次地从不同角度得出同一个想法，即要承认，我之所以能来到世上，不可能没有任何理由、原因和意义，我不可能是像我自己感觉到的那样，是从鸟巢里掉下来的一只雏鸟。就算我是掉下来的雏鸟，仰面朝天，在草丛里吱吱叫，但我这样叫是因为我知道，母亲孕育了我、孵化出我、给我温暖、喂养我、爱我。这个母亲在哪儿呢？如果我被抛弃了，那么是谁抛弃的呢？我无法蒙骗自己，一定有某个人出于爱让我生在世上。这个人到底是谁？仍然是上帝。

"他知道并看到我的寻找、绝望、奋争。他是存在的。"我对自己说。一旦我意识到这一点,那一瞬间生命立刻就在我的心中升腾,我就会感到存在的可能性和欣悦。但我又从承认上帝存在转向探寻他与我的关系,脑海中再次出现那个上帝,我们的造物主,三位一体,他将他的儿子,即我们的救世主差遣来。于是这个独立于世界、独立于我的上帝,像一块坚冰一样在我眼前融化、融化,再一次失去踪影,生命之源再次枯竭,我又陷入绝望,并感觉到,我别无选择,只有自杀。而最糟糕的是,我竟连自杀也做不到了。

不止两次、三次,而是数十次、数百次,我出现这种境况,忽而兴奋起来,活力复原,忽而陷入绝望和人生难以为继的意识之中。

我记得,那是早春的一天,我独自在林子里听着林中的各种声音。我一边倾听,一直思考着一个问题,就是近三年以来我常常在思考的那个问题。我再次开始寻找上帝。

"好吧,没有什么上帝,"我对自己说,"没有哪一种不是我想象出来的,而现实就是如此,如我的全部人生;没有那个上帝。没有任何东西、任何奇迹可以证明他的存在,因为奇迹不过是我的想象,而且也是非理性的。"

"但我有关上帝,有关我所寻找的事物的概念呢?"我问自己。"这个概念从哪儿冒出来的呢?"当我想到这一点时,心中再一次泛起生命喜悦的浪花。我身边的一切都重现生机,获得了意义。但我的喜悦心情并未持续多久。大脑又开始活动了。"上帝的概念并不是上帝。"我告诉自己,"这个概念是我脑子里想出来的,关于上帝的概念我在脑子里既可以激发它,也可以不激发它。这并不是我要寻找的。我要寻找的是没有它生命就失去可能性的事物。"于是我周围和我内心的一切又都归于死寂,我再一次想到要自杀。

不过这时我又对自己、对我内心发生的一切重新加以审视,对我身上发生过数百次的死灭和复苏做了反思。我记得,我只有在对上帝产生信仰的时候,才有生机。像以前那样,现在我又告诉自己:只要我意识到上帝,我就活着;只要我忘记、不信上帝,我就死亡。那这么多次死灭和复苏又是怎么回事呢?事实就是,我失去了对上帝存在的信念就不能活下去,如果不是我心中还隐约存在找到他的希望,我早就自杀了。而现在我还活着,真真切切地活着,只是因为我还能感觉到他,还在寻找他。"你还寻找什么?"我心中有个声音在呼喊,"他就在这儿。他就是那个离开了他生存便失去可能性的事物。要懂得,上帝和生存——这是一回事。上帝就是生命。"

"要活着,要找到上帝,那时就不会再有缺失了上帝的生命了。"于是,我心中和周围的一切都沐浴在比任何时候都明亮的光芒之中,而这光芒再也没有从我身上移开过。

于是,我从自杀的念头中解脱出来。我身上的这种转变是什么时候和怎样完成的,我无法说清。就像生命力量在我身上消亡,陷入无法生存、生命停止、想要自杀的境地是在不知不觉、日积月累的过程中发生的一样,这种生命力量在我身上复苏也是一个日积月累、不知不觉的过程。奇怪的是,这种在我身上复苏的生命力量不是新的,而是过去在我生命之初就吸引了我的那种力量。我的整个身心都回到了原先孩童时期和青年时期的状态。我回到了对那个孕育了我并对我提出期望的意志确立信仰的状态;我回到了我生命的唯一主要目标就是改善生活，即让生活与这个意志更相契合的状态；我回到了那种状态，即能从全人类在我不知的远古时代制定的生存准则中，找到这种意志的反映，也就是说，我回到了信仰上帝、信仰道德完善、信仰传达着人生意义的圣传[1]的状态。只是有一点不同，当初我是在无意识之中接受这些的，而如今我很清楚，没有这种信念我就无法生存。

仿佛在我身上发生了这样的事：我不知什么时候被人放到一条小船上，在一处陌生的河岸被推开，他们指给我划向对岸的方向，把船桨交给我这个生手，就抛下我一个人不管了。我尽我所能划动船桨，向前漂行；但靠近河中央时，水流越来越湍急，渐渐把我冲得远离目标，接着我就遇到像我这样被水流冲走的船手越来越多。有几个孤军作战的船手继续划桨；也有一些船手丢开了船桨；还有一些载满人的大船和巨轮，有的在与激流搏斗，有的则向激流投降。我越向前行，看到顺流而下的船只越多，我也就渐渐忘了曾向我指明的方向。到了激流中心，在顺流而下的拥挤的小船和巨轮中间，我已完全失

---

[1] "圣传"即教会所理解的神圣传统，包括口头传说和带有教义性质的教会文献，这些都被教会认为具有与《圣经》同样的神圣性质。

去了航向,便丢开了船桨。我周围四面八方响起一片欢声笑语,船手们兴高采烈地扯起风帆,划动船桨,顺流而下,这种景象既感染了我,也让大家互相感染,我们坚信,不可能存在另一条航向了。我既然相信了他们,也便随波逐流。我被冲下去很远,远到已经可以听见石滩边传来的轰响,我必将在那石滩上撞碎,因为我已看到了几只撞碎的小船。这时我才醒悟过来。有很长一段时间我无法理解,在我身上到底发生了什么。我眼前看到的只有覆亡,我正向它奔去,我又害怕它,在哪儿也看不到获救的出路,不知该怎么办。但当我回头望去,却发现有无数舟船,它们没有放弃,顽强地与激流搏斗,于是我想起了彼岸、船桨和航向,开始划动船桨逆流而上,奔向彼岸。

彼岸——就是上帝,航向——就是圣传,船桨——就是我划向彼岸、与上帝结合的天赋自由。于是,生命的力量在我心中重新崛起,我再一次开启了生活之路。

十三

我舍弃了我们圈子里这些人所过的生活,因为我认清了,这不是生活,只是生活的表象,我们赖以生活的奢侈条件剥夺了我们理解生活的可能性,而为了理解生活,我应当理解的不是特殊的生活,不是我们这些寄生虫,而应当去理解普通劳动大众的生活,理解那些建设生活的人,以及他们所赋予生活的意义。我周围的普通劳动大众就是俄国的人民,我开始关注他们,以及他们赋予生活的那种意义。这种意义,如果可以表述出来的话,是这样的:凡来到这个世上的人都是凭着上帝的意志。上帝这样创造了人,让任何人都既可毁灭自己的灵魂,也可拯救它。人在生活中的任务就是拯救自己的灵魂;

为了拯救自己的灵魂，必须照上帝的意志生活。

为了照上帝的意志生活，必须要舍弃生活中的全部逸乐，必须要劳作、谦卑、忍耐、做有怜悯心的人。这种意义是人民从全部宗教信仰中发掘出来的，而这个宗教信仰是由古往今来的牧师和在民间流传、反映在传说、格言、故事中的圣传所传承下来的。这个意义对我来说很清楚，并切近我的心灵。但是，在我生活中我们这些非分裂教派的人中间，有许多与这种大众宗教信仰的意义密切相关的东西让我感到抵触，并且无法解释：圣礼、教堂礼拜、斋戒、圣物和圣像崇拜。大众对这些不能一一区分，我也不能。对很多进入大众信仰中的东西，不管我怎样感到诧异，我还是全部接受了，我去做礼拜、参加晨祷和晚祷、斋戒、做斋祷，而且最初我的理性对这些东西也没有任何排斥。原先我认为不可能的事，现在也没有激起我内心的抗拒。

如今我对信仰的态度与当时完全不同。以前我认为生活本身充满意义，而信仰是些对我完全无用的、与生活无关的非理性规则的任意论断。当时我曾问自己，这些规则有什么意义，在我确信它们没有意义之后，就抛弃了它们。而如今则相反，我确切地知道,我的生命没有也不可能有任何意义,信仰的规则不仅并非对我无用,而且我以无可置疑的经验断定,只有信仰的这些规则才能赋予生命以意义。以前我把它们视为完全无用的密码游戏,而现在,即使我还没有理解它们,也知道,其中饱含着意义,因此我对自己说,必须要学会去理解它们。

我做出如下推论。我对自己说:有关信仰的知识就像具备理性的整个人类一样,都出自一个神秘的源头。这个源头就是上帝,就是人类肌体及其理性的源头。就像我的肌体是从上帝那里传承来的一样,我的理性和我对生命的理解也是这样传承来的,因此,这个理解生命的过程中的所有发展阶段都不可能是假的。人们所真正信奉的一切必是真理;真理可以有不同表达方式,但它不可能成为谎言,因此,如果它被我视为谎言,这只能说明我并没有理解它。此外,我还对自己说:任何一种信仰的实质都体现在,它能赋予生命以意义,而这种意义将不会随着死亡而消亡。当然,信仰要能回答在奢华中濒死的沙皇、备受劳苦的老奴、不谙世事的孩子、聪明的长老、疯癫的老妪、幸福的少妇、情欲躁动的青年,回答所有这些生活和受教育条件迥异的人所提出的问题——当然，如果存在一种能够回答生活中唯一永恒的问题，即"我为何生存，我生命的结果如何"的答案，那么这个答案虽然本质上是统一的，却必然会有无数不同的表达方式。这个答案越统一、越真确、越深刻，那么自然与每个人受教育程度和社会地位相适应，在各人尝试表述它的时候必然会显得越奇怪、越反常。但这些在我看来是为信仰仪式的反常性辩护的论断，还不足以让我在我唯一的生命事业——信仰——从事我对之抱有怀疑的活动。我全心全意希望能与人民融为一体，去参与他们的信仰仪式；但这点我做不到。我觉得，如果我这样做了，就是欺骗自己，就是嘲弄我心目中的神圣之物。但这时候，新出版的，我们俄罗斯的神学著作为我提供了帮助。

根据这些神学家的解释，信仰的首要教条是教会无谬。承认这一教条的必然结果是，教会所宣扬的一切都是真理。教会是由凭着爱走到一起并因而拥有了真理知识的信徒们聚合起来的，它构成了我的信仰的基础。我对自己说：上帝的真理不可能只让一个人接受，它只对凭着爱走到一起的整个集体显现。要想领悟真理，不得分离；而要想不分离，必须相爱，并与不合你意愿的事物和解。真理向爱显现，因此，如果你不遵行教会的仪式，你就会破坏爱；而破坏爱就失去了认识真理的可能性。当时我还没有看清这个推论中包含的诡辩。我也没看清，爱的联合虽然能够产生大爱，却无论如何也不能产生在尼西亚信经[1]中以特定语词表述出来的神学真理。我也没看清，爱无论如何也不能将真理的这个著名表述变成众人联合的必要条件。当时我也没看清这种推论的错误，因此我才会接受并参与东正教会的所有仪式，尽管其中大多我并不理解。当时我挖空心思避开各种推论、矛盾，并尝试尽可能合理地解释我遇到的那些教会规则。

为了参与教会仪式，我抑制自己的理性，让自己对全人类所拥有的那些圣传保持恭顺。我与我的祖辈、与我所爱的人——父亲、母亲、爷爷、奶奶辈都联合起来。他们和所有先辈信仰过、生存过，并孕育了我。我与人民之中所有我敬重的千百万人联合起来。此外，这些活动本身并没有任何坏处（我认为放纵情欲才是件坏事）。每当晨起去做教堂

---

[1] 基督教信经之一，公元325年由尼西亚会议确定而得名。

礼拜，我都清楚，这样做的好处只是为了制服自己内心的骄傲，为了贴近我的祖辈和今人，为了达到寻求人生意义的目的而牺牲自己肉体上的安逸而已。我在准备圣餐、做日祷、画十字、跪拜的时候如此，在守所有斋戒的时候也是如此。不管这些牺牲多么微不足道，都是出于良好目的的牺牲。我在家里和教堂里做斋祷，持斋戒，坚持随时做祷告。在教堂礼拜听讲道时，我全神贯注于每一个词，尽我所能去为它们想出意义来。做日祷中我认为最重要的话是："让我们彼此相爱，同心合意……"下面有一句话："我们信父、子和圣灵。"我就略过去了，因为这句话我无法理解。

十四

那时我为了活下去必须得有信仰,这样在无意识之中就对自己遮蔽了那些信条中的矛盾和含混。但这种对仪式的理解只能限于一个范围。哪怕是代祷文的主要语句我能够慢慢理解,哪怕我好歹能对自己解释这些话:"为至圣之主我们的圣母,并全体圣者祈祷,为我们自己,并为彼此祈祷,我们全部的性命都归于基督上帝。"哪怕我能解释说,反复为沙皇及其家人代祷是因为他们比别人更易受到诱惑,所以需要更多的祈祷,祈祷彻底征服敌人;哪怕我能解释说,这个敌人指的就是恶,但是这类祷告,还有其他的,如《基路伯赞歌》和全部的奉献祈祷词,或者赞美诗《至高的万军之母》[1]等,在全部礼拜用语中几乎有三分之二,要么根本没法解释,要么我觉得,如果硬让我解释,那就得撒谎,那就会彻底颠覆我对上帝的态度,完全丧失信仰的各种可能性。

在一些重大节庆活动中我的感受也是同样的。守安息日,即用周六一天的时间专注于上帝,这我能理解。但最重要的节日是用来纪念复活事件的,而复活这件事的真实性我无法想象,也无法理解。每周都要庆祝的那一天就是用"复活"这个词命名的。[2] 上述这些日子要举行圣餐礼,这我也完全不理解。其余的十二大节日,除了圣诞节,都是为那些奇迹而设的纪念日,这些奇迹我尽量不去想它们,以免心生厌恶:主升天节、五旬节、主显圣容节、圣母节[3]等。在庆祝这些节日的时候,我感觉到,大

---

1. 东正教祈祷仪式中赞颂圣母的短赞美诗。
2. 俄语中"星期日"(воскресенье)一词的原义就是"复活"。
3. 托尔斯泰原文中这里只用了"庇佑者"(Покров,指圣母)一词,如果是指"圣母帡幪日"(Праздник Покрова Пресвятой Богородицы),则该节日不在东正教十二大节日之中。或者托尔斯泰是指十二大节日之中与圣母相关的四个节日:圣母诞生节、圣母颂报节、圣母进堂节、圣母安息节。

家认为重要的东西，对我来说恰恰是最不重要的，于是我要么去冥思苦想能让我信服的解释，要么闭上眼睛，免得看到那些让我产生邪念的东西。

在我参与那些被视为极其重要的日常仪式——受洗和领圣餐——时，我的这种感受最为强烈。这种场合我看到的行为并不难以理解，甚至是完全可以理解。这些行为在我看来就是让人易生邪念的，这时我就被置于一个两难境地——要么撒谎，要么否弃。

我永远也不会忘记当我多年以来第一次参加圣餐礼那天体验到的痛苦感觉。礼拜、忏悔、教规——这些我都能理解，还因为意识到人生意义向我敞开了而感到高兴。对圣餐礼本身，我把它解释为纪念基督的一种行为，也意味着清洗罪孽和对基督学说的完全接受。即使这种解释是牵强附会的，但当时我也没有注意到这一点。我当时高兴的是，可以对着忏悔神父——一个普通的、怯生生的教士，表现出谦卑与恭顺，把自己灵魂中的污秽都翻腾出来，忏悔自己的罪过。我高兴的是，能把自己的思想与撰写教规祈祷文的神父们的祈愿融会起来；我高兴的是，能与过去和现在的信徒们保持一致，所以我就感觉不到我上述解释的牵强附会了。但那天当我走近圣障中门,一个教士要我重述我信仰的是什么,要我说我将要吞下去的就是真正的肉体和血,这时我的心像撕裂了一样:且不说这种腔调如何虚伪,这简直是一个从不知信仰为何物的人提出的一个残酷的要求。

今天我可以这样说,这是个残酷的要求,但当时我并未想到这个,只是感到一种不可名状的疼痛。我已经不是年轻时那种认为生活一切明朗的状态了;我之所以走向信仰,是因为除了信仰我别无出路,大概找也找不到,只有死亡,因此,我不能抛弃这个信仰,于是,我屈服了。我在自己的心中发现了一种情感,它可以帮助我忍受这一切。这种情感就是自降为卑和顺从。我顺从了,吞下了这血和肉体,不带亵渎之心,而是带着去相信这一切的希望,但内心已经受到了打击。知道了这种仪式等待着我的是什么,我就不可能再去第二次了。

我继续按部就班地参加教堂礼仪,并且仍旧相信,在我所遵守的信条中存在着真理,但在我身上发生了新的情况,今天我明白是怎么回事,但当时让我感到很诧异。

我听到了一个不识字的朝圣农夫的谈话,他谈到上帝、信仰、生活、救赎，对我开启了认识信仰的一扇门。我开始走近大众，聆听他们对生活、对信仰的议论，于是我越来越多地理解了真理。同样的情形也出现在我在读《日读月书》和《训诫集》[1]的时候，于是这些书成为我喜爱的读物。排除那些有关奇迹的记载（我把这些看成是传达思想的情节），这些读物为我打开了人生的意义。其中包括大马卡里乌斯[2]行传，约瑟夫王子行传（佛陀故事）[3]，还有金口约翰的故事，旅行者落井的故事，拣到金子的修士的故事，税吏彼得的故事；还有那些殉难者的故事，他们都宣称，死并非与生隔绝；还有一些不识字的人、愚人和不懂任何教会教义的人获得救赎的故事。

但我只要与那些有学识的信徒打交道，或者打开他们的书本，就会在心中产生某种对自己的怀疑、不满、论争的恶意，我感到，我对他们的言说了解越深入，就越远离真理，走近深渊。

---

1. 《日读月书》为俄国16世纪开始编纂的教会读物，《训诫集》为17世纪开始编纂的教会读物，内容均为圣徒传略和教诲性语句。
2. 大马卡里乌斯（Macarius，公元300—391年），或称埃及的马卡里乌斯，基督教早期隐修者、神学家。
3. 有关约瑟夫王子的故事并非佛陀故事，而是有关一位印度王子改信基督教的故事，最早应为大马士革的圣约翰所记述，后传入俄罗斯。

十五

我曾多少次羡慕农夫们不识字,没有学识。对于那些信仰规则,我从中发现的是显而易见的荒谬,而他们看不到里面任何的虚假;他们可以接受这些,也可以信奉真理,信奉那些我所信奉的真理。只是我这种不幸的人把事情看得很清楚,即真理与谎言千丝万缕地交织在一起,所以我无法接受它的这种样子。

我就这样过了大约三年的时间,最初我作为一个慕道者[1],只是一点一点去参详真理,只是跟着感觉往我觉得更明亮的地方走,那些矛盾冲突也并不

---

1. 慕道者指基督教中在口头上接受信仰、等待受洗的人。

让我感到多意外。当我有不明白的地方时，就对自己说："是我的错，是我不好。"但当我对所学真理的领悟逐渐深入，当它们成为我的生命基石并日益巩固的时候，这些矛盾冲突就显得越来越严重、越尖锐，而在我没办法理解便放弃理解的东西和除非自我欺骗才能理解的东西之间的界线，也越来越清晰。

尽管有这些怀疑和痛苦，我还是坚守着东正教信仰。但出现了必须要解决的人生问题，而教会在解决这些问题上提出的答案，与我所赖以生存的信仰的基本原则正相矛盾，这就迫使我彻底放弃了与东正教共融的可能性。在这些问题中首先是东正教教会对其他教会——天主教会和所谓分裂教派——的态度问题。这段时间，出于我对信仰的兴趣，我接触过不同宗派的信徒：天主教徒、新教徒、旧礼仪派、莫罗勘派[1]等。在这些人中间我遇到过许多道德高尚的人和有着真正信仰的人。我希望能成为这些人的兄弟。为什么呢？因为那种向我允诺用统一的信仰和爱将所有人联合起来的教义竟然是这样的：它通过其优秀代表人物的所作所为向我表明的是，

---

1. 莫罗勘派是产生于19世纪中期的东正教分离教派，主张自我修道。

这都是些生活在谎言中的人，给他们的生活带来动力的是魔鬼的诱惑。因此，只有我们才掌握着能够促成统一的真理。我看到，那些东正教教会中的人把所有与他们信仰不一致的人都视为异端，而与此一模一样的是，天主教徒和其他教徒也把东正教视为异端；我看到，东正教把不像它那样用表面的信条和话语来表明其信仰的人都视为仇敌，尽管它一直试图掩盖这一点。它这样做是必然的，首先，因为"你是谎言，我是真理"这种论断是一个人论说他人最恶毒的话；其次，一个爱自己的孩子和兄弟的人，对那些想要他的孩子和兄弟去信奉伪信仰的人，他没法不视为仇敌。这种敌意会随着对教义理解的加深而加剧。而我，作为一个把真理视为爱的统一的人，却不得不面对眼前发生的事，即，正是这些信条在毁灭它本应确立起来的东西。

这种败坏行为已经到了如此明显的程度，以至于我们这些受过教育的人，生活在信奉不同宗教的国家中的人，在一看到这种败坏行为的时候都感到困惑不解，即使我们曾看到过天主教徒对东正教徒和新教徒、东正教徒对天主教徒和新教徒，以及新教徒对其他两派教徒表现出的那种轻蔑、自恃、坚定不移的否定态度，还有旧礼仪派、帕什科夫派[1]、震颤派[2]等所有信仰派别所持的同样态度。你会对自己说：事情不会这样简单，人们毕竟难以发现，如果两种论断互相否定，则无论哪一种论断中都不会存在信仰必需的统一性真理。这里还存在些什么没被注意到的东西。应该是存在某种解释，我也认为它一定存在，于是去寻找这种解释，我读了就该问题所能找到的所有论述，征询了所有可以求教的人。最后没有得到任何解释，得到的只有以下说辞：苏梅骠骑兵[3]就认为苏梅骠骑兵团是天下第一兵团，而黄色枪骑兵团[4]则认为天下第一兵团就是黄色枪骑兵团。持不同信仰的所有宗教界人士，其中的优秀代表，他们别的不会说，却只会告诉我，他们相信自己真理在握，而别人都身陷谬误，他们所能做的就是为这些人祈祷。我去找过修士大司祭、主教、长老、苦行修士，并问过他们，但没有任何人认真地

---

1. 帕什科夫派是19世纪后期俄国出现的基督教福音派，瓦·亚·帕什科夫将其从英国引入，并因其而得名。
2. 震颤派是基督教新教的一个派别。
3. 17世纪在苏梅地区出现的哥萨克部队，后被沙皇收编为骠骑兵。
4. 枪骑兵团为叶卡捷琳娜二世时期开始组建的皇家兵团，黄色枪骑兵团应指肩章为黄色的弗拉基米尔团。

尝试向我解答上述这种败坏行为。其中只有一个人向我说明了这一切，但听了他的说明，我再也不向任何人问这问题了。

要我说，对于每一个正在寻求信仰的非信徒来说（我们年轻一代都处在这种寻求状态），首要的问题是：真理为什么不在路德派，不在天主教，而只在东正教？他在学校里也学过，不像农夫对此一无所知，而他不可能不知道，新教徒、天主教徒同样都信誓旦旦地坚称自己的信仰是唯一真理。那些被各种宗教站在自己的角度加以歪曲的历史证据都不足为凭。要我说，难道不能从更高的角度来理解教义吗？站在教义的高点就会消弭差异，正如在真正的信仰者那里差异就会消失。难道就不能在我们和旧礼仪派所走的那条路上继续走下去吗？他们坚称，他们画十字、诵念哈利路亚和围绕祭坛行走的方式与其他教派不同。我们要说：你们信尼西亚信经，信七圣礼，我们也信。让我们在这方面保持一致，而其他方面可以各行其是。我们把信仰中本质的东西置于非本质的东西之上，由此达成与他们的联合。那么现在难道不能对天主教徒说：你们信这个，信那个，去信最主要的东西吧，至于有关"和子句"[1]和教皇[2]的事，悉听尊便。难道不能以同样的方式对新教徒这样说，并且与他们在最主要的问题上达成联合吗？我的一个对话者对我的想法表示赞同，但又对我说，这种让步会引起对宗教权力的非难，说它背离了先辈的信仰，并会导致分裂，而宗教权力的使命就是维护从先辈传承下来的希腊-俄罗斯东正教信仰的纯洁性。

我一切都明白了。我寻找的是信仰，是人生力量，而他们寻找的是履行众所周知的人控制人的职责的最佳手段。既然他们做的这些是世俗的事，就会按照世俗的方式来做。不管他们怎样表示，他们怜悯那些迷途弟兄，为让他们重回全能者的宝座前而祈祷。但只要他们做的是世俗事务就要用暴力，

---

1. "和子句"，原文为拉丁语 *filioque*。西部教会对尼西亚信经中圣灵"从父出来"的表述改为"从父和子出来"，由此引发论争，形成天主教和东正教在教义上的标志性差别之一。
2. "教皇"的英语为 Pope，来自拉丁语 *Papa*（父）。此词原用于一般神父的俗称，约自9世纪起专指罗马教会大牧首，从而有高于其他教会大牧首的意思，但不被其他教派所承认。"教皇"的中文译法为意大利传教士艾儒略于1623年出版的《职方外纪》中所创。中文亦译为"教宗"。

暴力是他们始终采用的手段，过去、现在以及将来都是。如果两种信仰都认为自己是真理，而对方是谎言，那么就都会去传扬自己的教义，从而希望把自己的兄弟引向真理。而如果在握有真理的教会里那些涉世未深的子民中发现有伪教义在传播，那这个教会就不能不开始焚书了，并驱除诱惑其子民的人。如果有一个异教徒，按东正教的说法，是燃烧着伪信仰之火的人，他正在生活中至关重要的事情——信仰——上诱惑东正教教会的子民，那拿他怎么办？除了砍他的头或将其监禁，还有别的办法吗？在阿列克谢·米哈伊洛维奇[1]时代是在火刑架上烧死，也就是说，他们采取的是当时的最高刑罚，如今采取的也是最高刑罚——单独监禁。我注意到，这些刑罚都是以宗教信仰之名而施行的，令人毛骨悚然，这让我几乎完全抛弃了东正教。教会对待这些迫切问题的另一种态度体现在它对战争和刑罚的态度上。

当时在俄国发生了战争。俄国人以基督之爱的名义屠杀自己的兄弟。问题不这样想是不行的。杀

---

1. 阿列克谢·米哈伊洛维奇（Alexis Mikhailovitch, 1629—1676年），俄国沙皇，于1645—1676年在位。

人即是与任何一种信仰的首要原则相背离的恶,不看到这一点也是不行的。但是,各处的教堂里都在祈祷我们的军队获胜,信仰的导师们也把杀人视为一种基于信仰的事业。不仅是战争中的这些屠杀行为,还有战后随之而来的混乱时期,我看到,教会的神职人员,它的那些导师、修士、苦行者,都赞同杀掉那些误入迷途、茫然无助的年轻人。我注意到了这些基督教信奉者的全部所作所为,不由得毛骨悚然。

十六

于是我不再怀疑,而是完全确信,我所附和的那种信仰知识并不都是真理。若在以前我就会说,全部信条都是假的;但如今我不会这样说了。全体人民才拥有真理的知识,这毋庸置疑,否则就不会存在人民。此外,这种真理知识我已经领会了,我靠着它生存,并感受到了它所有真实的内容;但在这种知识中也存在着谎言。这一点我毫不怀疑。所有那些从前让我拒斥的东西,如今又在我的眼前活了起来。虽然我看到,在全体人民之中,与教会那些代表人物相比,我所拒斥的那种杂质少些,但还是发现,在人民的信仰中谎言是与真理混杂在一起的。

但谎言从何而来，真理又是从何而来呢？不管谎言还是真理，都是由所谓的教会传达出来的。不管谎言还是真理，都包含在圣传之中，即所谓神圣的传说与经文。

于是我不得不着手去研究这些经文和传说，迄今为止，我都还对这种研究感到畏惧。

我研究了教会神学，以前我曾经以蔑视的眼光将其看作毫无用处的东西而加以拒斥。当时在我看来它就是一连串不必要的废话，当时从四面八方围绕着我的生活现象在我看来都是光明的，充满意义；事到如今，我也很乐意扔掉那些不适合健全头脑的东西，但我做不到。因为我已经获得启示的有关人生意义的唯一知识，就是基于这个信仰之上，或起码与之有着密不可分的关联。不论这种信仰在我这个顽固的旧脑筋看来是多么古怪，它仍是救赎的唯一希望。必须要小心谨慎、全神贯注地去辨析它，以便弄懂它，甚至还不是以我弄懂科学原理那样的方式。我没用那种方式去探索，也不可能使用，因为我知道信仰知识的特殊性。我不寻求解释一切。我知道，能解释一切的答案必然像万物的本源一样，隐藏在无限之中。但我希望能够理解到这一步，即找出哪些是注定无解的东西；我希望，所有这些无解的东西之所以无解，并不是因为我的大脑提出的要求不正确（它们是正确的，超出它们的范围我什么也无法理解），而是因为我看清了自己的大脑的限度。我希望能够理解到这一步，即任何一种无解的原理在我的想象中都是理性的必然，而不是必须要信奉的对象。

教义中存在真理，这我并不怀疑；但我也不怀疑，其中存在着谎言，我应当找到真理和谎言，并把它们区分开来。目前我所做的就是这件事。我在这个教义中找到了哪些谎言，找到了哪些真理，我得出了什么结论，将是我这部著作后面几部分的内容。而这部著作如果还有价值，还有人需要，大概有一天会在什么地方刊印出来。

这是我三年前所写的。[1]

现在重新翻阅刊印出来的这一部分时,我就会回到在我身上曾经发生的思想和感情历程之中,我重新体验了这个过程,前几天还做了个梦。这个梦在我看来是以凝缩的形式表现了我所经历和描述过的一切,因此我想,对于那些理解我的人来说,对这个梦的描述会使在上面这些冗长篇幅中讲述的内容更加鲜活、清晰、集中。这个梦是这样的:我发现我躺在床上。我的感觉是既不舒适,也不难受,仰面躺着。但我开始思考,我这样躺着是否舒适;于是我就觉得腿有些别扭:不知是床短了,还是不平,总之是有点别扭;我挪动了一下腿,同时开始琢磨,我怎样躺着,躺在哪儿,而之前我脑子里从没出现过这些问题。接着我查看了一下床铺,我发现,我躺在了与床侧相连的绳网上。我的脚搭在一

---

[1] 以上部分是托尔斯泰于1879年写成的,后面的于1882年补记。

根绳带上，小腿搭在另一条绳带上，所以腿就别扭了。不知怎么我懂得这些绳带是可以扯开的。于是我用腿推开了下面远端的一根绳带。我以为这样就会平稳些了。但我把绳带推得太远了，又想用脚把它钩住，但这个动作又让小腿下面的另一根绳带滑脱了，于是我的两腿都垂了下来。我移动全身以便调整过来，我完全自信马上就可以弄妥当；可是随着这个动作，我身下的其他绳带都滑脱了，纠缠在一起，于是我看到，事情彻底搞糟了：我整个身子的下半部都滑下去悬挂着，两脚够不着地。我只能靠背部上方支撑着，我渐渐感到不仅是别扭，而且不知为什么感到了恐怖。这时我才想起问自己以前脑子里从未出现过的问题。我问自己：我在哪里，我躺在什么上边？接着我开始四下打量，先往下看，就是我的身子悬着的地方和我觉得立刻会掉下去的地方。我往下一看，简直不敢相信自己的眼睛。倒不是说我所在位置的高度可与极高的塔顶或山巅相仿，而是说，我竟然站在了我永远都想象不到的高度上。

我甚至无法辨认出，在那下面，在我所悬挂其上且向下滑动的无底深渊中，我是否看到了什么。

我的心脏在缩紧，内心充满恐惧。向那儿望去很可怕。只要我望向那里，就觉得我马上就要从最后撑住我的绳带上滑脱，归于毁灭。我不去看，但不看的话更糟，因为我又想，如果我此刻从最后的绳带上掉落会发生什么。这时我感到，由于恐惧我在失去最后的支撑，顺着脊背慢慢下滑、下滑。只要一瞬间我就要掉落下去了。就在这时一个念头冒出来：这不可能是真的。这是梦。醒醒吧。我尝试要醒过来，但做不到。怎么办呢，怎么办呢？我问自己，并朝上看了一眼。上面也是无底深渊。我看着这个空中的深渊，努力想把下面的深渊忘掉，果然，我把它忘掉了。下面的无限空间让我生厌和恐惧；上面的无限空间却令我向往，给我信心。我就这样在身下尚未滑脱的最后几根绳带上悬着，下临深渊；我知道我在悬着，但我只往上看，这样害怕就过去了。像梦中常会出现的那样，有个声音在说："注意这个，这个就是！"我望向上面的无限空间，视野越发深远，我觉得平静了下来，回想刚才的事，回想这一切是怎样发生的：我怎样挪动双腿，我怎样悬挂起来，我怎样感到恐惧，以及我怎样通过向上眺望而摆脱恐惧。我问自己：瞧瞧，现在怎么样，我还一直悬着吗？接着我不是用眼瞠摸，而是用整个身体摸索托住我的那个支撑点。结果我发现，我并没有悬着，也没有滑落，而是躺得很稳当。我问自己，我怎么稳固下来的，我摸索着，四下看看，我看到，在我下边，我身子中间的下边，有一根绳带，在我向上眺望的时候，我就躺在这根绳带上，从而保持了极稳定的平衡，刚才就是它托住了我。这时，就像梦中通常的情形一样，在我看来，把我稳定住的这个装置非常自然、明白、无可置疑，尽管在现实中这个装置没有任何意义。我在梦中都感到惊讶，以前我怎么没明白这个道理。原来，在我的床头竖着一根柱子，这根柱子的牢固程度不必怀疑，尽管这根柱子很细，也不知固定在哪儿。接着又看到柱子上引出了一个绳圈，看上去非常巧妙，同时也很简单，就算你把身子中间部位躺在绳圈上抬头望天，也不会出现掉落下去的问题。这些我都清楚了，我很高兴，安下心来。这时好像有人对我说：看好了，要记住。于是我就醒来了。

图书在版编目（CIP）数据

忏悔录 /（俄）列夫·托尔斯泰著；王志耕译. —北京：商务印书馆，2023
（伟大的思想. 第二辑）
ISBN 978 – 7 – 100 – 22031 – 6

Ⅰ. ①忏… Ⅱ. ①列… ②王… Ⅲ. ①托尔斯泰 (Tolstoy, Leo Nikolayevich 1828-1910) — 自传 Ⅳ. ①K835.125.6

中国国家版本馆CIP数据核字（2023）第062220号

权利保留，侵权必究。

伟大的思想 第二辑

忏 悔 录

〔俄〕列夫·托尔斯泰 著

王志耕 译

商 务 印 书 馆 出 版
（北京王府井大街36号 邮政编码100710）
商 务 印 书 馆 发 行
山东临沂新华印刷物流
集团有限责任公司印刷
ISBN 978 – 7 – 100 – 22031 – 6

2023年9月第1版	开本 787×1092 1/32
2023年9月第1次印刷	印张 47

定价：260.00元（全十册）